现货白银

做精实盘手法

李志尚◎著

XIAN HUO BAI YIN
ZUOJING SHIPAN SHOUFA

廣東省出版集團
广东经济出版社

图书在版编目（CIP）数据

现货白银做精实盘手法／李志尚著. —广州：广东经济出版社，2013.10（2016.10 重印）
（精简易学实用系列）
ISBN 978-7-5454-2731-8

Ⅰ.①现… Ⅱ.①李… Ⅲ.①银—投资—基本知识 Ⅳ.①F830.9

中国版本图书馆 CIP 数据核字（2013）第 233408 号

出版发行	广东经济出版社（广州市环市东路水荫路 11 号 11～12 楼）
经销	全国新华书店
印刷	佛山市浩文彩色印刷有限公司（南海狮山科技工业园 A 区）
开本	787 毫米×1092 毫米 1/16
印张	13
字数	230 000 字
版次	2013 年 10 月第 1 版
印次	2016 年 10 月第 6 次
印数	1 0001～11 000 册
书号	ISBN 978-7-5454-2731-8
定价	68.00 元

如发现印装质量问题，影响阅读，请与承印厂联系调换。
发行部地址：广州市环市东路水荫路 11 号 11 楼 电话：（020）38306055 37601950 邮政编码：510075
邮购地址：广州市环市东路水荫路 11 号 11 楼 电话：（020）37601950 营销网址：**http://www.gebook.com**
广东经济出版社新浪官方微博：**http://e.weibo.com/gebook**
广东经济出版社常年法律顾问：何剑桥律师

现货白银
新手入门三部曲

跟对平台●考察交易平台的正规性

交易平台是否合法合规？以防上当受骗！

跟对公司●考察会员公司的实力性

交易所的会员公司是否规范？是否注重教育培训和技术支持？

跟对贵人●考察经纪人员的专业性

经纪人或专家老师是否专业？是否有问必答？是否敬业？

注：不要将账户给他人交易、不要依赖他人带盘！

——李志尚致现货白银投资者的忠告

前　言

“手法”是指在实盘交易中所运用到的操作技巧，“实盘交易手法”是经验的累积和技术的结晶，对不同投资者的操作风格进行分解，以便给不同风格的投资者提供不同的交易手法。因为，每一位成功的投资者都有一套属于自己的交易手法、都有一套属于自己能持续盈利的模式、都有一套属于自己的操作体系。

如果你还常常亏损？如果你还没有一套稳健的交易手法？如果你还没有一套完善的操作体系？说明你还不是成熟的投资者，离成功还很远。

这本书综合了现货白银整个交易过程中方方面面，书中从看盘、分析、策略、原则纪律、交易技巧、短线和波段及中线手法、非农交易手法、风险控制等系统化地讲解。可使投资者在交易过程减少问题障碍、降低交易风险、提升实盘交易中的成功率。

《现货白银投资指南》这本书是帮助投资者能扎实市场基础知识，对市场认识越深、理解越透，操作方面才会越理性，其交易成功率也才会大大提升。

《现货白银做精一张图》这本书是帮助投资者增强K线技术功底，T+0交易就应该把技术学细、学透并做精，只有熟悉技术才能观察出行情信号和交易点位。

投资者可以通过上述的“现货白银精简易学实用系列丛书”这三册配套学习，可真正帮助投资者从无到有、从入门到精通、从繁杂到体系。无论你是新手还是老手，无论之前学习过多少知识，但都需要建立一套属于自己的操作体系。

如何给自己建立一套完整的操作体系？第一，认真看完笔者的这三本书，至少每本详读三遍以上，因为每读一遍都有不同的理解和领悟；第二，不断给自己总结归纳，按照各自所需去完善，再建立一套交易前后的操作体系；第三，如果需要寻求帮助，可主动联系笔者，免费为你解答疑难及建言献策。

另外，接下来笔者为了更加完善整套技术教学，决定与开门红投资技术部操盘手李智诚老师联手撰写《T+0分时图交易技巧大全》一书，预计2013年底出版，敬请关注。

目 录

第九章　非农操作手法

第十章　风险控制手法

第一章　日常看盘手法

导读：

许多投资者看盘没有定律，也没有自己的模式，甚至连自己的操作风格都不清楚。股票一般以看日线为主，而现货白银属T+0并具杠杆性，一般以短线交易为主，所以要看的周期图形有多个。例如1分钟、3分钟、5分钟、10分钟、15分钟、30分钟、60分钟、120分钟、180分钟、240分钟、日线、周线、月线、季线、年线。如此多的周期图形，对新手或刚入门不久的投资者而言，根本就弄不清以哪个周期图形为主，也不会懂得如何去灵活转换和运用。

第一节　做趋势看全局

世界万物都是环境下的产物，投资中市场也如此。无论在什么时间段操作，交易前必须要明白当前的市场环境处于什么概况。先看清环境——再看懂趋势——后寻找信号——等待信号——买入等等。所以，看盘先要看全局，将当前的市场状况做一个综合观察。一般而言，可分为以下三大步骤去操作。

一、看周期

能影响现货白银价格趋势的周期可略分为：美国经济周期、美元利率调控周期、国际原油调价周期等等。

1. 美国经济周期

美国经济差于预期现货白银将再度上行；相反美国经济好于预期现货白银将再度下行。当然，也可从美股的走势和相关数据去判断周期变化，因为股市都是当国的经济象征。当美国经济下滑时，股市走熊，投资者为了抵制风险而买进黄金白银避险；相反当美国经济上升时，股市走牛，投资者为了追求高收益而转投股市。如果全球经济危机不出现明显的缓解迹象，则市场避险情绪就不会消退，黄金白银便可进一步看涨，相反则看空。

国家	国内生产总值	消费者物价指数	生产者物价指数	失业率	工业生产	零售销售
美国	第3季度：2.8%	6月：1.8%	6月：2.5%	6月：7.6%	6月：0.3%	6月：0.4%
加拿大	4月：1.4%	5月：0.7%	N/A%	6月：7.1%	N/A%	4月：0.2%
欧元区	第3季度：-4.1%	6月：1.6%	5月：-0.1%	5月：12.1%	N/A%	5月：-0.1%
日本	第3季度：1.3%	5月：-0.3%	N/A%	5月：4.1%	4月：13.4%	5月：0.8%
瑞士	第1季度：1.1%	11月：0.2%	11月：-3.3%	6月：2.9%	N/A%	5月：1.8%
澳大利亚	第1季度：2.5%	N/A%	N/A%	11月：5.7%	N/A%	5月：7.1%
英国	第3季度：-5.1%	6月：1.4%	[illegible]	[illegible]	5月：-2.3%	6月：1.4%

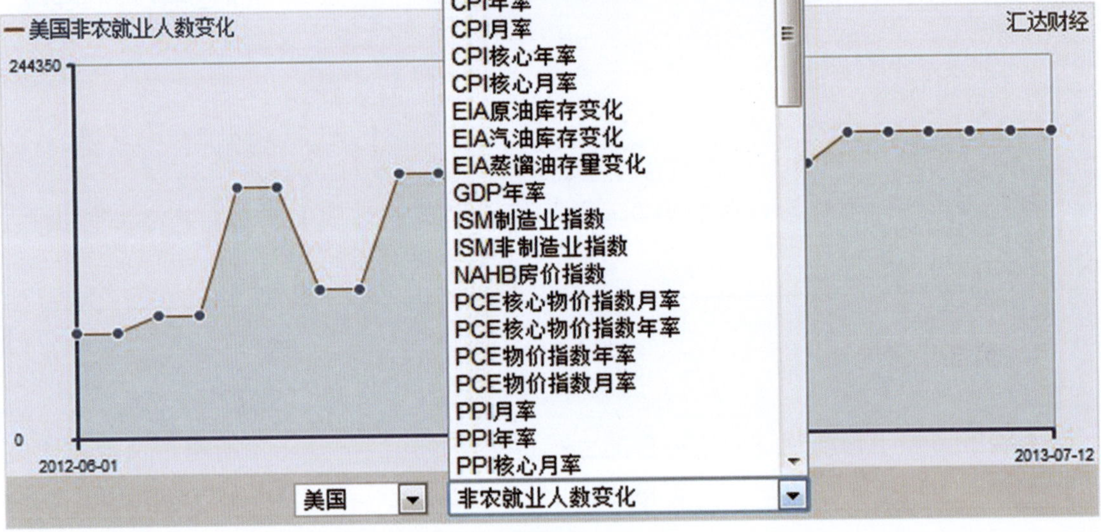

图 1

http：//www. huidafx. com 进入“财经数据”可查看该图表

2. 美元利率周期

美国联邦储备委员会（FED）对美国基准利率的宏观调控历来都是美国经济的晴雨表，能够直接反映美国经济的实际状况，对美元汇率在国际汇市中的表现更有着深远而持续的影响。利率变化除了反映经济状况之外，对一定时期内的资金流动也会产生明显的影响，特别是在利率变化形成周期性涨跌趋势时，对相关汇率走势的影响也更为明显，持续性更强。伯南克2013年7月10日称：当失业率触及6.5%时，我们不会自动采取升息措施。并指出，鉴于就业市场的疲软状况以及较低的通胀率，即使是在失业率触及6.5%以后，我们也将需要一些时间才会上调基准利率。2008年12月后至今保持目前基准利率不变，如下图：

美国 央行公布利率决议　　公布日期：2012-09-14

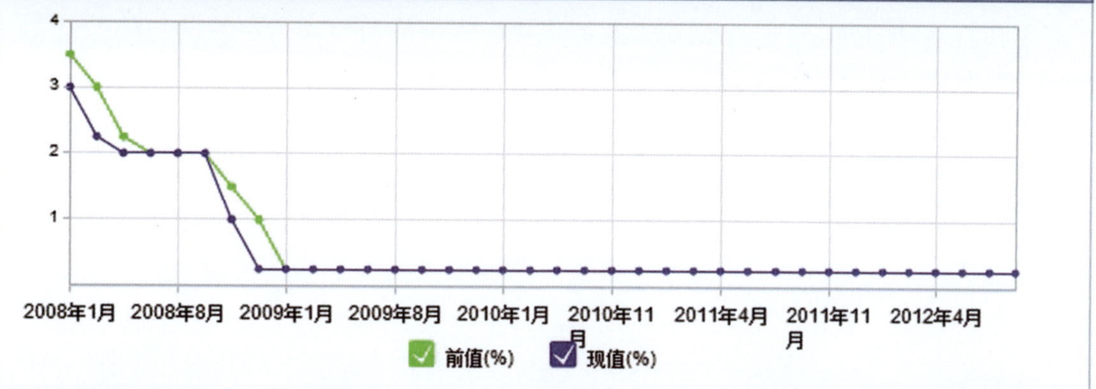

时期	预测值	前值	现值	公布日期
2012年9月	0-0.25%	0-0.25%	0-0.25%	2012-09-14
2012年8月	0-0.25%	0-0.25%	0-0.25%	2012-08-02
2012年6月	0-0.25%	0-0.25%	0-0.25%	2012-06-21
2012年4月	0-0.25%	0-0.25%	0-0.25%	2012-04-26
2012年3月	0-0.25%	0-0.25%	0-0.25%	2012-03-14
2012年1月	0-0.25%	0-0.25%	0-0.25%	2012-01-26
2011年12月	0-0.25%	0-0.25%	0-0.25%	2011-12-14
2011年11月	0-0.25%	0-0.25%	0-0.25%	2011-11-03
2011年9月	0-0.25%	0-0.25%	0-0.25%	2011-09-22

图 2

http：//data. eastmoney. com 进入外汇频道——全球经济数据查看。注意观察“升息”和“降息”以及“保持不变”这三个周期：例如 2005 年持续 11 次升息，美元持续上涨一年，黄金白银盘整一年；2008 年 12 月前持续降息，美元持续下跌，黄金白银持续上涨；至今利率保持不变，美元呈构底趋势，而黄金白银呈构顶形态。

3. 国际原油调价周期

油价波动将直接影响世界经济的发展。美国的经济发展与原油市场的关联度尤其紧密，因为美国的经济总量和原油消费量均列世界第一位。美国经济强弱走势直接影响美国资产质量的变化，从而引起美元涨跌，进一步影响现货白银价格的变化。当油价连续飙升时，国际货币基金组织随即调低未来经济增长的预期，高油价也就意味着经济增长不确定性的增加以及通胀预期的逐步升温。

白银价格与原油价格正相关，现货白银和原油主要是用美元来计价。20 世纪 70 年代初，二战后搭建的世界货币体系，布雷顿森林体系崩溃之后，现货白银价格与原油价格双双脱离了与美元的固定兑换比例，出现了价格大幅飙升的走势。特别是 20 世纪七八十年代，石油危机爆发后，二者之间的关系变得更加微妙。现货白银和原油的价格既紧密联系又相互制衡，在彼此的波动之中隐藏着相对的稳定，在表面的稳定之中又存在着绝对的变动。从中长期来看，现货白银价格与原油价格波动趋势是基本一致的，只是大小幅度有所区别。可以看出原油与现货白银的价格走势基本一致。

美元与原油价格负相关波动，美国经济长期依赖原油和美元两大支柱。美国依靠美元的铸币权和美元在国际结算市场上的垄断地位，掌握了美元定价权。同时，美国又利用超强的军事力量，将全球近 70%的原油资源及主要原油运输通道置于其直接影响和控制之下，从而控制了全球原油供应，掌握了原油的价格。长期来说，当美元贬值时，原油价格上涨；而美元趋强时，原油价格则呈下降趋势。

尽管近年美国经济增长乏力的状况，美元反弹程度有限。这种状况如果长期持续，则容易动摇世界各国对美元的信心，因此美国借助另一个硬通货“原油”来支撑弱势美元，以保证美国经济的持续发展。

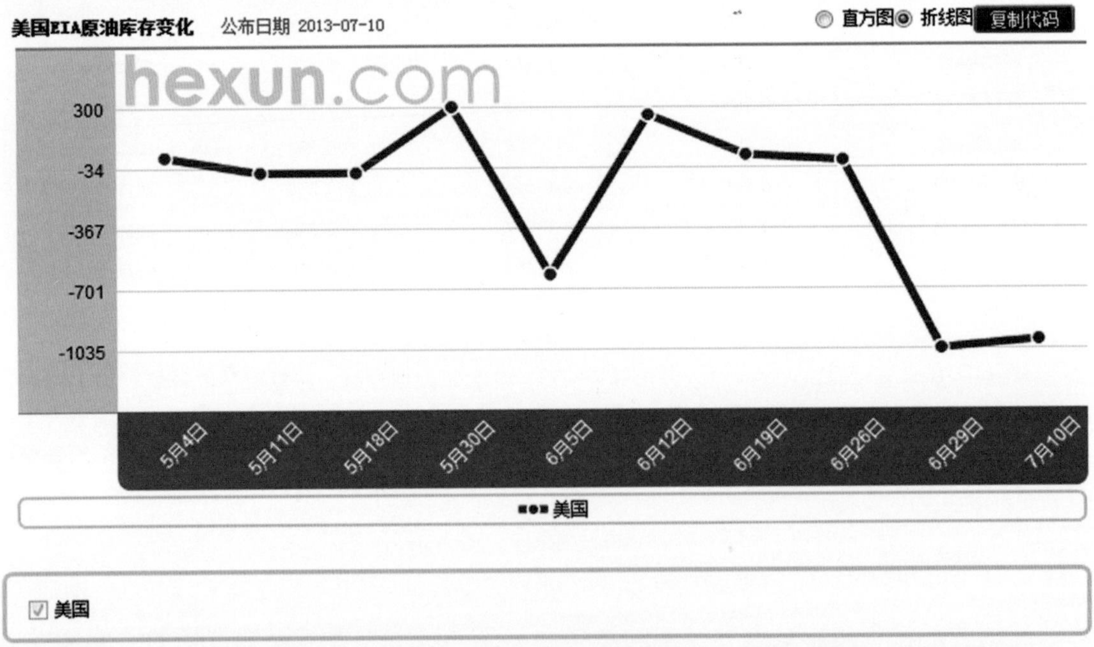

公布时间	实际值	预期值	前值	更多
2013-07-17 22:30:00	--	--	--	[详细]
2013-07-10 22:30:00	-987.4万桶	--	-1034.7万桶	[详细]

图 3

http：//calendar. hexun. com/ 进入全球数据——数据搜索“EIA”或 http：//zoushitu. gold678. com/ 点左侧“美国原油数据”查看。往往当国际原油价格大涨大跌时，都会引起现货白银的剧烈波动。例如 2013 年 7 月 11 日，原油库存创下最大两周降幅，当日原油大涨至 16 个月高位，同时也因美联储再度支持 QE3 延续，促使黄金白银和原油应声大涨。

美国原油库存大小对原油的定价有直接影响，如库存过大说明美国炼油厂的开工率相对不足，或者美国市场对石油产品的需求较差，过高的原油库存会利空（打压）国际原油价格。相反则利好油价走高。国际市场上，一般为周三或者周四 22：30 公布原油库存数据。

二、看消息

由于美国几乎每天都有数据或消息公布，所以每天打开电脑后首先是看当日或随后几日即将公布的“重要消息”。这些消息会影响短期行情趋向，而前面讲述的周期是影响现货白银大趋势。值得一提的是，消息方面要区分“主要”和“次要”的影响，再从前值和预期参照下进行初步判断；其次是根据公布的时间窗口，然后再结合当前 K 线走势图，进行分析并判断出价格波动的趋向和幅度。

上述中的消息数据来源和含义解释以及运用技巧，笔者在《现货白银投资指南》一书中已作详细介绍。

三、看开盘

股票市场中在早盘开盘时要看是高开还是低开，它表示市场投资者的意愿，是投资者期待当天股价上涨还是下跌的一种表现。而现货白银市场只有在美国节假日之后开盘时，或每周一早盘开盘时，银价的上涨或下跌才可代表投资者对短期的投资意愿。而平常时间的开盘行情变化并不能代表投资者对短期或当天的投资意愿。所以，很多投资者都不愿意持隔夜单，目的就是防止这种不确定性的风险。

第二节 常用看盘技巧

在打开行情软件后，要“常看由小到大”是指 K 线周期图，因为经过前面对大趋向的观察之后，接下来是看小周期图形的时间要多一些，毕竟短线交易的信号都出现在小周期图中。

当然，也要根据各自的交易风格而定，例如你喜欢做超短线，那就常看 1 分钟或 5 分钟图形以及分时图；如你喜欢做区间幅度大一点的就常看 60 分钟图；如你喜欢把握波段机会，那就常看 60～240 分钟之间的周期图形。

另外，也要根据市场行情变化而定，预计接下来的买点信号会在哪个周期图中出现，那就盯住这个周期的图。

以下是笔者常看的周期图解：

一、1 分钟图看盘技巧

图 4

图形解释：

1. 一分钟图形可结合分时图进行超短线交易，但需要技术指标辅助参考。如图中左侧 K 线在高位盘整，而下方副图中的 MACD 已呈现背离，SUPL 比 MACD 还要提前表现出来，在图中 MACD 左侧第一个圆圈即是空单买点信号，止盈位置在探底 19.82 美元之后回升突破 EXPMA 第一条线时，如果突破之后又迅速回落，那么就观察该低位平台时下方指标是否有出现明显背离？如果没有那极可是下跌中继平台，可继续持有空单，如果有背离如图 4 一样就应止盈空单。紧接着，如果下方两大指标同时出现明显背离时，又可转手买进多单，如图 4 中的第二个圆圈位置时，MACD 呈“蜻蜓点水”态势，那么多单的止盈信号仍是下一个顶背离出现时，如图 4 中的右侧显然出现三次顶背离，同时 K 线图上也返回到前高点处，理应即时止盈。注：MACD 和 SUPL 两大指标同 K 线产生顶底背离时的操作技巧，在其他任何周期图中都同样运用。

2. 除了 1 分钟图中的超短线买点信号之外，1 分钟图形还可作为持单的观察依据。通常情况下，如果出现急拉快跌的行情时，1 分钟图中的 K 线都会沿着 EXPMA 快线（白线、离 K 线最近的一条线）之上运行，注（笔者截图时转换为白底彩图，如果是红黑图时，EXPMA 快线为白色，慢线为黄色，参数值分别是 12 和 50，笔者在《现货白银做精一张图》一书中介绍过该指标的用法和价值以及相关公式源码）。如在下跌途中，当 K 线收阳时没有突破快线，或突破后又立即回落至快线之下，此情况下可继续持有空单，说明下跌中的主浪仍有伸延的潜力；如果当 K 线突破快线之上，没有回落至快线之下的表象，说明已进入次浪反弹修整中，那么此时就应止盈手中的空单，因为行情一旦进入修整横盘后又将重选方向，激进者可提早止盈锁利为安，风险喜好者可以继续观察在修整中时下方指标是否有出现底背离转的迹象，如果有，应果断止盈，如果没有就可搏（下跌中继平台）的机会；同时，在低位修整中往往会出现阴阳线频繁交夹，可观察是不是阳线多阴线少？还是阴线多阳线少？或是阴线长和阳线长？通过细微观察也可判断出接下来的运行方向。相反，在上涨中也是如此运用该技巧，如图 4 中在右侧上涨的中途就出现过一次上涨中继平台，同时 EXPMA 两条线呈蜻蜓点水态势。运用这种手法主要目的是快进快出，短线交易，并且只抓中间主浪行情，常见的会有 0.1～0.2 美元的盈利空间，如行情受消息刺激后通常会有 0.2 美元以上的空间。一般适合 100 倍以上的高杠杆使用这种分时超短线手法，因为超短线讲究的是“快”，所以空间都不会太大就会止盈出来，如果杠杆较低其盈利微小就不必这样交易了。

二、5分钟图看盘技巧

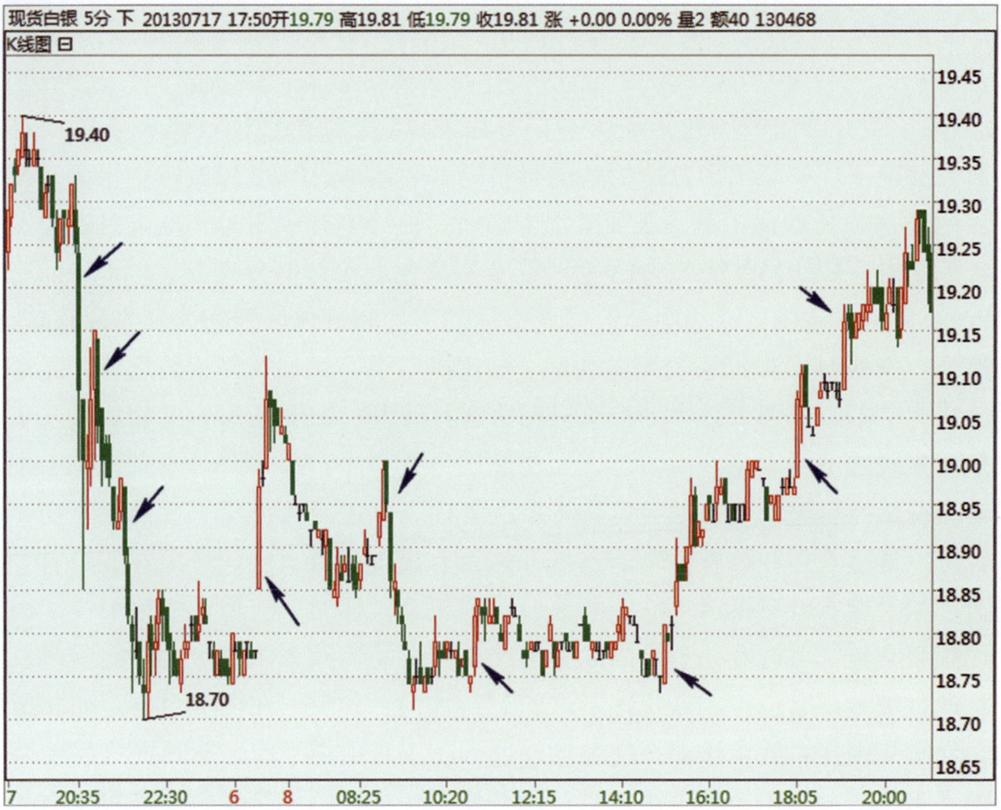

图 5

图形解释：

5分钟图中是普遍投资者最容易发觉买点信号的，同比1分钟图中的超短线周期稍长一点，其交易空间也大一点，由此在交易过程中从下单买进到止盈卖出的时间也较充分，所以往往成为大多技术派投资者常看的周期图。

从图5中的标记的箭头可见：在每一次出现大阴线时就是空单买点信号，在每一次出现大阳线时就是买进多单的信号；有人可能会问，多长的阴线或阳线才可称大阴大阳？其实很简单，只要比前数根或数十根K线都要长就可称为大阴或大阳；注意下单要快，止盈也要快，一般盈利空间在0.2美元以内的安全系数较高，当然也要看是大趋势向上还是向下或者是否处于震荡区域内而决定具体空间。

从图5中的左侧来看：行情产生剧烈波动，或者说是刚受消息刺激的行情，在5

分钟图中产生的大阴线和大阳线又长又快，但盈利空间仍不少于 0.2 美元。特别是图 5 中左侧第一个箭头处，在反抽时没有突破前跌势的 50%以上，说明走势还是偏弱，此时再收大阴线时是极佳的空单买点信号。另第 5 个箭头处也是如此。

从图 5 的中间横盘走势来看：以小阴小阳止跌企稳，横盘中显然阳线比阴线多，前低点一直受保护支撑，预示酝酿多头。横盘中前后出现两根大阳线，这两根大阳线比横盘中的小阴小阳 K 线都要长，特别是第二根在第一根大阳低点时获支撑而产生，此时是最明显的多头确立信号，也是极佳的多单买进信号，其止损信号是跌破前低点时，离止损位越近产生的买点信号，说明机会比风险大，小风险大收益的机会是非常少有的，一旦有就必须去把握住。

从图 5 中的右侧上涨中来看：为什么在低位大阳线产生的买点信号后，会走出超过 0.2 美元的涨幅空间？而走出 0.5 美元的涨幅？原因是在起涨前期曾经过稍长时间的修整，正所谓整理越充分，随后突破所产生的行情幅度就越大。

从图 5 中的最后一个箭头来看：可以预判为上涨幅度已接近尾声，原因是箭头标记的阳线同比前面的有所缩短，说明多头势力在削减，随后应逢高止盈多单。同时，就整个 K 线图形态来看，后面的涨幅也接近前高点阻力区域，也属于止盈多单的信号。

图 6

图形解释：

同样一张图，但不同的买点信号。除了 5 分钟图中的大阴线和大阳线买点之外，还有一个常出现的“中继平台”买点信号。无论是上涨中途还是下跌中途，均会出现短暂平台形态。

中继平台的特征是：K 线沿着 EXPMA 快线之上，即使有穿过快线，也会迅速收复。只要没有穿破慢线，顺势中继平台就仍然有潜力。同时，也可观察下方的 MACD 和 SUPL 两指标是否沿原趋势运行？没有明显出现背离就无大障。如果有明显出现背离，同时 K 线也穿过快线没有迅速收复或穿破慢线的情况下，说明有转势的可能，因此中继平台就不成立，应放弃原有的操作计划。

图 6 中的中继平台末端时 K 线在高位收窄，这是即变盘突破的信号，可在此时少量参与多单，当大阳突破时再二次增仓。随后的上涨高度估测，可从前面起涨浪和平台后的起涨阳线力度来判断，力度越强行情伸延就越长，力度不强行情伸延就越短。相反，向下趋势中出现也如此。

通过上面两张图的描述可以得出这样的结论：在市场消息发布时、在行情修整末期、在行情伸延中途，这三种情况下都可从 5 分钟图中发觉极佳的买点信号，并且利润空间还比较可观，交易进出一单还不需要太长时间去等候，可省去不少精力和时间。另外，在行情急涨急跌后注意查看 1 分钟图和 5 分钟图是否会构成中继平台的潜力，如果有可继续持单或再次新买进。

总之，希望投资者能够真正理解笔者的投资理念和操作手法，投资者完全可以通过“做精一个周期图”，再从这个周期图中去“做精一张图”，只要你肯花时间去磨炼、去总结归纳，“成功”只是时间问题。至于别的周期图你可以不去看不去做，其他不熟悉的图形也可以不看不做，大道至简，才能把时间和精力以及专注点集中在一种手法技巧上，如此才是成功的真正捷径。

三、15 分钟图看盘技巧

图 7

图形解释：

15 分钟图相对而言信号要弱一些，主要在重要的变盘窗口时查看。例如图中从左到右的几个圆圈分别为 5 月 7、8、9、10 日晚上 20：30～22：30 之间的走势，也正是美股开盘前后和 20：30 的消息发布窗口时间。从常见规律性中可察觉，在这时间内 15 分钟图 K 线均会出现密集交易，低位出现后则看涨，高位出现后则看跌，同时在这密集交易区里面极可能出现持续几根长下影或上影，如图中的后两个圆圈内均出现两根以上的长下影线。

密集交易区说明市场投资者人气在聚集，心理情绪在高涨，多空在激烈争夺。密集区的K线越多，说明累积的人气就越高，并且在这区间内下单交易的投资者都未能获利，随之必须会产生方向突破，突破时间大概为21：30～22：30之间。一旦突破后，一般都会产生0.2～0.5美元的行情。

该密集区主要看阶段位置是上涨后的高位还是下跌后的低位？再观察高位是否有多根长上影或低位有多根长下影？后观察区间内的阴阳线各占比例，最后再观察末端移向，如此综合判断预期波动方向。总之，这仅是一种规律特性作为参考，但在这时间内出现密集交易是常见的，投资者需要从这密集交易区去判断分析预期方向。

四、60分钟图看盘技巧

图8

图形解释：

60分钟图也可按照前面讲到的5分钟图技巧中的大阴线和大阳线买点信号一样操作。特别是在大涨大跌之后的修整中，日线可能会收十字星线，那么在60分钟图中的K线就会缩短，或走箱体震荡形态。凡是在修整中K线一般都会逐根缩短，振幅收窄，然后再重选方向突破，那么在突破时的大阴线或大阳线正是买点信号。只不过这样的现象出现在60分钟周期比5分钟较长，蓄势比5分钟久，所以60分钟图中把握这样的买点信号，通常均会有0.5美元以上的盈利空间，这也属于"波段交易手法"的一种。

从图8中的箭头可见：出现的大阴线和大阳线都是行情拐点信号，无论你是在跌破前低点时买进或者是在突破前高点时买进，甚至是在大阴线和大阳线收线确立时买进，随后都会有0.5美元以上的盈利空间。通常而言，盈利区域0.5美元以内的安全系数偏高一些，超出之后便进入高风险高收益区域，至于你有没有能力搏更大的空间，取决于你的技术水平和操作手法以及是否愿意承担风险。这种止盈手法在本书后面会继续讲，这里先点到为止。

图8中圆圈内的大阳线为什么不是多单买点信号？因为常规中急跌之后会有技术性反弹，通常在反弹30%左右时会有回踩打压现象，一般能走出V字形毕竟很少，即使是走出V字形也可在第二根阳线或突破前平台时追进多单为安全。顺常规分析，在急跌后反弹结束又打压下来，就足可说明行情已进入箱体震荡区域，接下来可进行低买高卖的操作手法。

图8中左侧两个箭头中第一个箭头为初步信号，第二箭头前反弹无力为明确信号，理论上第二个信号要比第一个信号明确一些、安全一些。相反，在图8中右侧两个箭头也同样理解。

图形解释：

60分钟图除了拐点大阴线大阳线买点信号之外，还可结合技术指标辅助，可提高买入精准性。

在大趋势向下跌或向上涨的过程中，仍可按前面讲的1分钟图操作，沿快线持单，当K线穿过快线时再止盈。

如果K线仅是穿过快线，而没有穿过慢线盘整后，极可能走出点水形态，此时又是一个买点信号。

当MACD和SUPL明显出现顶底背离时，也是买点信号。如图9中的箭头标记处，K线长时间密集构底，SUPL指标早已显现底背离，这种情况为多头蓄势现象，

图 9

所以随后的爆发力度是相当大的。再看图后两个方框标记处，K 线呈缓慢盘跌状态，而 SUPL 指标却直线下滑，出现此信号也可立即买进空单，但是要注意前面“正点水”的平台高点会有支撑力度，空单可在平台上轨短线止盈。

“反点水”和“正点水”如何理解，请看《现货白银做精一张图》这本书中有关于 K 线技术全面性的讲解，在此不再重提。

五、240 分钟图看盘技巧

图 10

图形解释：

240 分钟图是属于“中线周期图”，前面讲到的 60 分钟以下为“小周期图”，日线级别以上为“大周期图”。

240 分钟图主要用来判断后面 3 日内的行情预测，其分析方法与前述略同。只是周期稍大一些图形看起来简单一点，特别是 60 分钟图已出现数日的震荡，将图形缩小时又看不清楚，而日线持续几日收星线，导致方向更不明确。这时便可通过 240 分钟图进行画线标点，便可清晰许多。

240 分钟图中时而也会出现买点信号，比较适合中线投资者选用，因为一个买点信号的盈利空间均在 1 美元以上，但持单均在 3～5 天或以上。

从 240 分钟历史图中可观察同一种 K 线规律，就是出现“三连阴后收阳的可能性较大”，相反出现“三连阳后收阴的可能性较大”。

如果你觉得现货白银的行情趋势方面最近会有转向可能，那么不妨多看看 240 分钟图，以便把握中线级别 1 美元以上的盈利空间。例如图中的底背离信号，以及其他 K 线组合形态信号等。

第三节　注重关键细节

细节决定成败。越是细心的人，考虑就越周全，操作也就越谨慎，交易中也就少亏损。注意细节有很多方面，以下笔者梳理几个常见的为例：

一、锁定一个周期图

首先要给自己操作风格定位，以自己的时间方便与否和心态关系最适合超短线交易？还是短线交易？或是波段交易？甚至是中线交易？然后再给自己定位需要常看哪个周期的图形？这样在看盘分析时才不会忙乱，看的周期图多并不是好事，因为中大周期图可代表着趋向性，但小周期图也能逐步破坏中大周期图的，往往将所有周期图一比较，还会产生矛盾，最终自己都看的晕头转向。

就笔者自身而言，因平常要看股票行情，还要时而给读者学员们解答问题，所以一直盯盘时间的不多。因此，笔者常看 60 分钟图，将 60 分钟图一面直停留在软件界面上，时而从股票行情软件切换到现货白银行情软件。偶尔会看一下 240 分钟图作一个短期的趋势判断，时隔一两天会看一下周线。如笔者觉得 60 分钟图中已处在变盘区域或变盘窗口时，才会不断看 5 分钟图判断买点信号位置在哪？如果 60 分钟图已临近变盘时，才会紧盯 5 分钟图等待信号出现。当然，如果信号会在 60 分钟图中出现，那么就不用切换其他周期图了，以防分散注意力。中线行情笔者没时间跟单，超短线行情笔者没精力去做，所以就选择波段行情操作，一周交易两三次往往比每天交易的收益还大。

笔者的 QQ 群员常说，李老师每次都在关键时刻发出信息，而平时就不见李老师出来发话。笔者不常说话，因为时刻都盯着 60 分钟盘面，一旦接近信号时才会向群里发出提示。

总之，自己经常看哪个周期图，就把这个周期图看懂看透，再通过技术形态技巧去把握该周期图中的每一个信号机会。锁定一两个周期图去做精，最好不要东张西望，望来望去弄的不好还错过最佳信号点位。更多的技术图解和买卖信号、止损止盈点位尽在《现货白银做精一张图》书中，投资者务必将这本书熟读而精思。

二、看不懂可看关联

在看盘过程中，难免会有看不懂的趋势、看不懂的行情、看不懂的图形，怎么办？此时不妨从白银的关联市场去看，例如看最接近的现货黄金走势，或者美元走势、美股走势、原油走势。从这些具有相互影响的关联市场去观察，或许你会有新的见解。如有看不懂的图形形态，可以翻查历史中比较相似的图形是怎么运行的，或许能从中发觉点规律性。如果以上都看不懂，那就请关了电脑去休息，过一些时间再回来看。

三、突发行情要转换

很多投资者每天在等消息公布，等待行情波动出现，当行情波动时却又措手不及。因为，不知道第一个信号或最早能发出信号的是在哪个周期图中，甚至还不知道以哪个周期图作为操作依据。往往当中大周期出现明确买点信号，但不少投资者只看到小周期图形而短线交易，最终错失大行情赚大钱的机会。

例如，有时候当突发行情剧烈波动，投资者可能因看到 60 分钟图第一根 K 线收出长上影，第二根 K 线刚开始又收阴线，此时就按不住卖出多单。但不一会儿，60 分钟图又拉出第二根大阳线，这就错失赚大钱的机会，也许投资者在一气之下又追进多单，但成本位明显高了许多，弄不好还会被套。这种情况之下，如果投资者转换到 5 分钟图观察是否有上涨中继平台的潜力？那么就不会错失大机会了。如果上涨中继平台不明确，那么可以先减持也不必全部一次卖出。相反，向下跌的过程也一样。

本章综述

通过上述讲解，投资者可以认真去理解每个周期图的重要性和关联性、价值性和相关手法技巧的运用。真正做到不是盲目性的看盘，也不是走马观花，而是有目标性、逻辑性、技巧性、针对性的等等。总之，要想早日练出盘感，就得先学会如何有效看盘。

第二章　行情分析手法

导读：

证券市场中主要有三大分析流派，分别是基础分析派、技术分析派、心理分析派。从基本面分析市场处境并掌握大趋势，从技术分析行情现状并把握交易机会，结合基本面和技术面进行分析市场投资者心理现状并掌握操作时机。

“证券分析”要以依据性、逻辑性、全面性、可靠性为基点，缺一不可；“证券分析”目的是掌握趋势、空间、时间、点位为主。最后便作出策略和执行。

第一节　由外到内分析

现货白银电子盘交易是国际市场的性质，在分析时必须先要分析周外部影响因素，再分析白银本身的基本现状。笔者在第一章和《现货白银投资指南》一书中已讲过不少有关白银的基本面分析技巧，在此笔者要讲的是白银周边关联盘面分析。同时，还需用到《现货白银做精一张图》一书中的图形分析技巧，简单地说将我们平时在分析白银行情的技巧运用到周边市场中去分析。

一、美元行情分析技巧

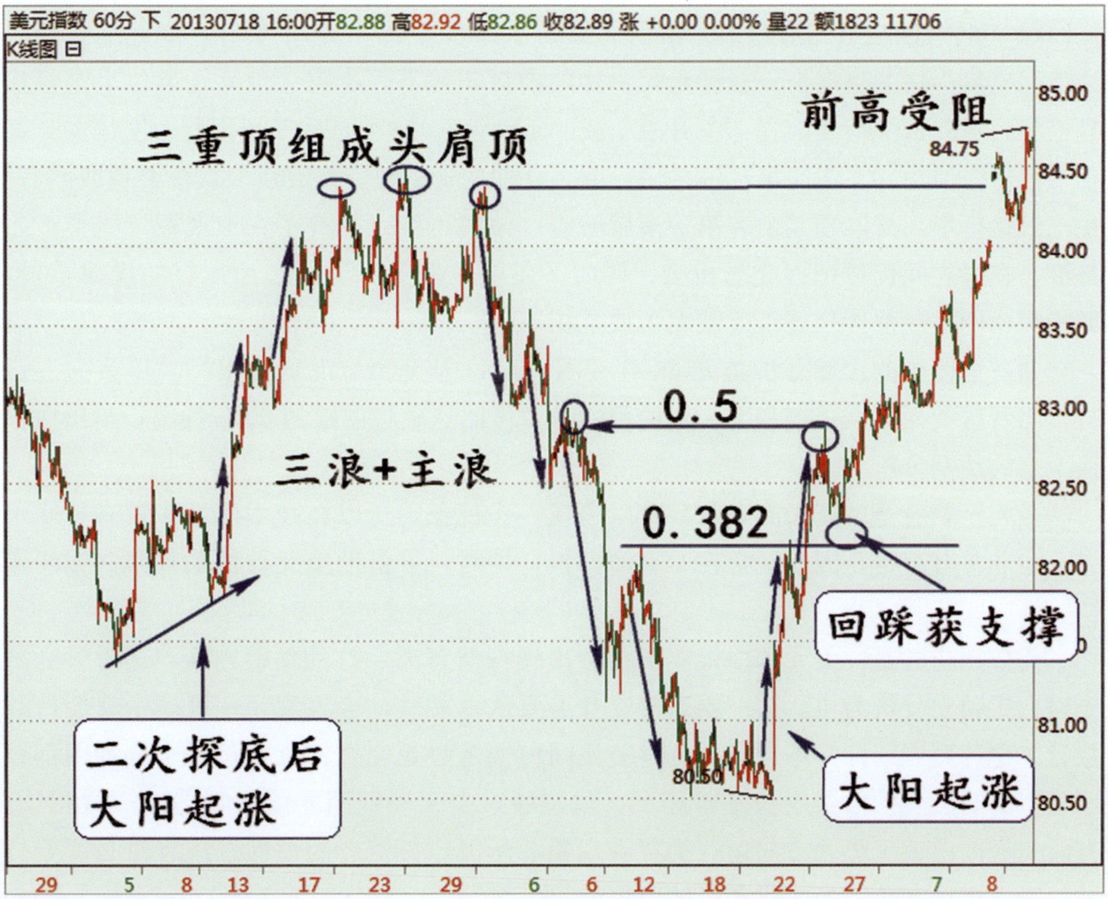

图 11

图形解释：

我们常用60分钟和240分钟来分析现货白银短期趋势，同样在美元分析时也如此。图11为美元60分钟图分解。

图11前面是“二次探底”低点抬高，仅是低点抬高还不够明确，只有在二次低点抬高时再配上大阳起涨，才有行情扭转趋势的动力。随后走出“波浪理论”中的三浪上行，然后再构出类似“头肩顶”的三重顶特征，懂得技术分析的人都知道，这两种图形可是常见的大顶特征。在第三次探顶未突破立即直线下行，又构成三浪下行回吐前面的涨幅。这个三浪下行后在前低止跌后反弹无力，随之又产生主跌浪（又称最后一跌），然后再止跌构底。通常在修整末端会振幅收窄意在变盘，如果再仔细观察会发现构底过程呈现“三重底”，紧接着大阳起涨，又现开三浪上行。

在三浪走完后又会怎么运行？以笔者的经验会有三种运行现象：一种是前面三浪运行中力度较大，说明市场投资者心理倾向力较集中，因此在走完三浪后极可能会短暂回踩30%（回吐第三浪即第二浪的高点为支撑），然后再稳步攀升，如此综合分析为前面三浪行情的启动浪。二种是第一种的前提条件下，走完三浪后在高位呈窄幅横盘趋势，意在蓄势待发演绎“主升浪”或“主跌浪”。三种是前三浪运行力度偏弱，甚至一浪比一浪短，在走完第三浪之后，要么立即扭转趋势、要么反复震荡磨顶或磨底。在三浪运行中，可以预判出有第一浪后就有二浪的可能，当有了二浪就极可能会产生三浪，在这之间仍可把握交易机会；同时，还可根据前一浪或二浪运行的规律节奏，如长短比例是逐浪伸长还是逐浪缩短或是相等？

通过上述中的详细分析美元60分钟图之后，因美元与现货白银是“反方向”运行，当看透美元短期行情和下一步的预测时，再回到现货白银的60分钟图，给出白银接下来的预期分析。

美元汇聚着全球庞大的财富，难以出现炒作现象，所以在技术面是非常有规律可寻，也非常有节奏，因此平常在看不懂白银行情时，可借助美元行情来判断白银的预期行情。

需要提防的是：美元和白银偶尔也会出现行情背离，打乱预期判断，这时就必须要以白银独立分析为主。这一要点投资者需要认真观察才会发现，一旦产生就会持续数日。这种短周期性并不奇怪，有时美元同白银走势是完全相反，包括1分钟图都较明显；有时美元同白银走势基本相反，只有通过中大周期图才能发现趋向一致相反；有时美元同白银走势同方向运行的背离现象。所以，投资者的惯性思维有时必须要打破，随着市场和盘面的变化灵活转换思维，否则你的预期分析则无效。

二、美股行情分析技巧

图 12

图形解释：

对于美股分析只需观察两方面：一方面，现状是牛市还是熊市？从中观察市场投资者的偏向；另一方面，需要常看的美股开盘前股指期货涨跌幅如图 12，网页地址为：http：//finance. sina. com. cn/stock/usstock/

1966 至 2006 年，美国的“夏令时”是从每年 4 月的第一个星期日凌晨 2 时起至 10 月最后一个星期日的凌晨 2 时止。2007 年开始，依据节约能源新法案，美国延长了夏令时制的实行时间，开始日期提前到 3 月的第二个星期日，结束日期推后到 11 月第一个星期日。因此，美股“夏令时”开盘时间为北京时间 21：30，“冬令时”开盘时间为北京时间 22：30。

通过“道琼斯”股指期货在美股开盘前 30 分钟的涨跌幅度，可直接影响到美股开盘价。例如股指期货大涨，美股开盘时也就会高开，同时也会短暂影响白银价格上涨；

相反股指期货大跌，那么美股开盘时就会低开，同时也会短暂影响白银价格下跌。

结合多次经验获知，能影响美股开盘大幅度高开或低开，以及同时也能影响到白银价格在 0.2 美元以上的波动情况下，那么“道琼斯”股指期货的涨跌幅度必须有 60 点以上，影响力度才会强烈一些。在 60 点以内其影响的力度则不大或无影响。

这仅是一个短线参考依据，投资者可以通过白银技术面的分析后，在美股开盘前 30 分钟可以对白银作出一个预判和相应的操作策略。同时也需注意 20：30 的消息窗口，白银是否已有大幅波动过？白银是否已走预期行情？第一次认识这种手法的投资者，最好多验证几次，找到感觉和技巧之后再进行实盘操作。下面重提三张案例图解：

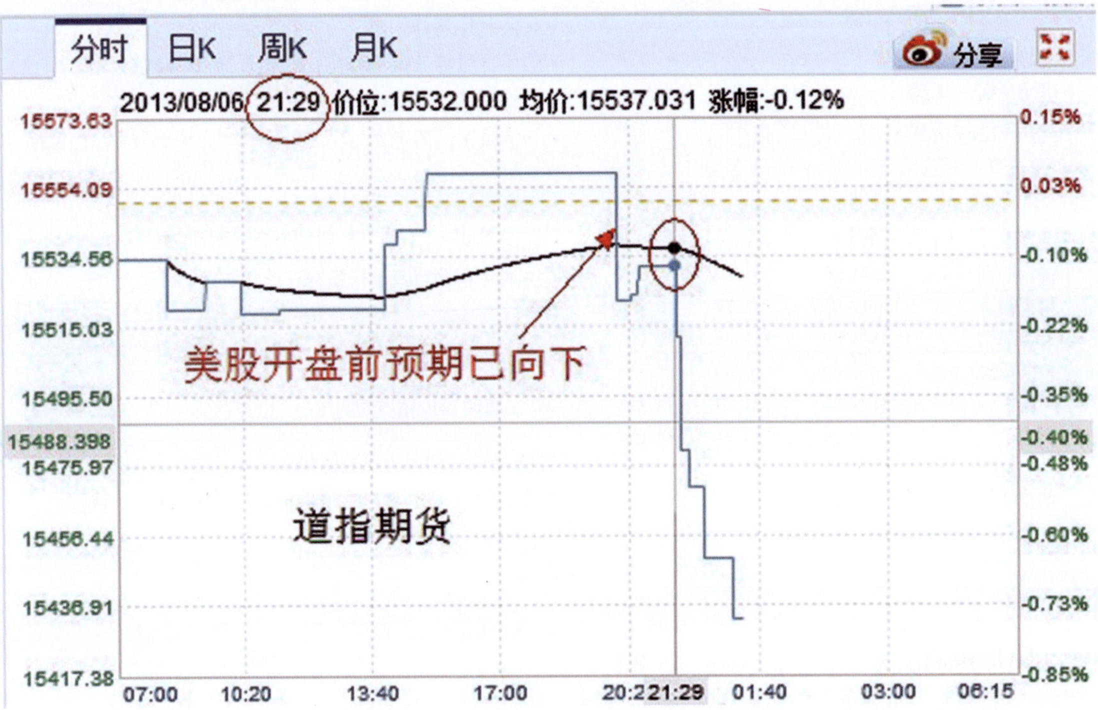

图 13

美股夏令时是北京时间 21：30 开盘，图为“道指期货”分时图，图中可见在 20：00（提前一个半小时）就在预期下跌，到美股开盘后再次急挫。

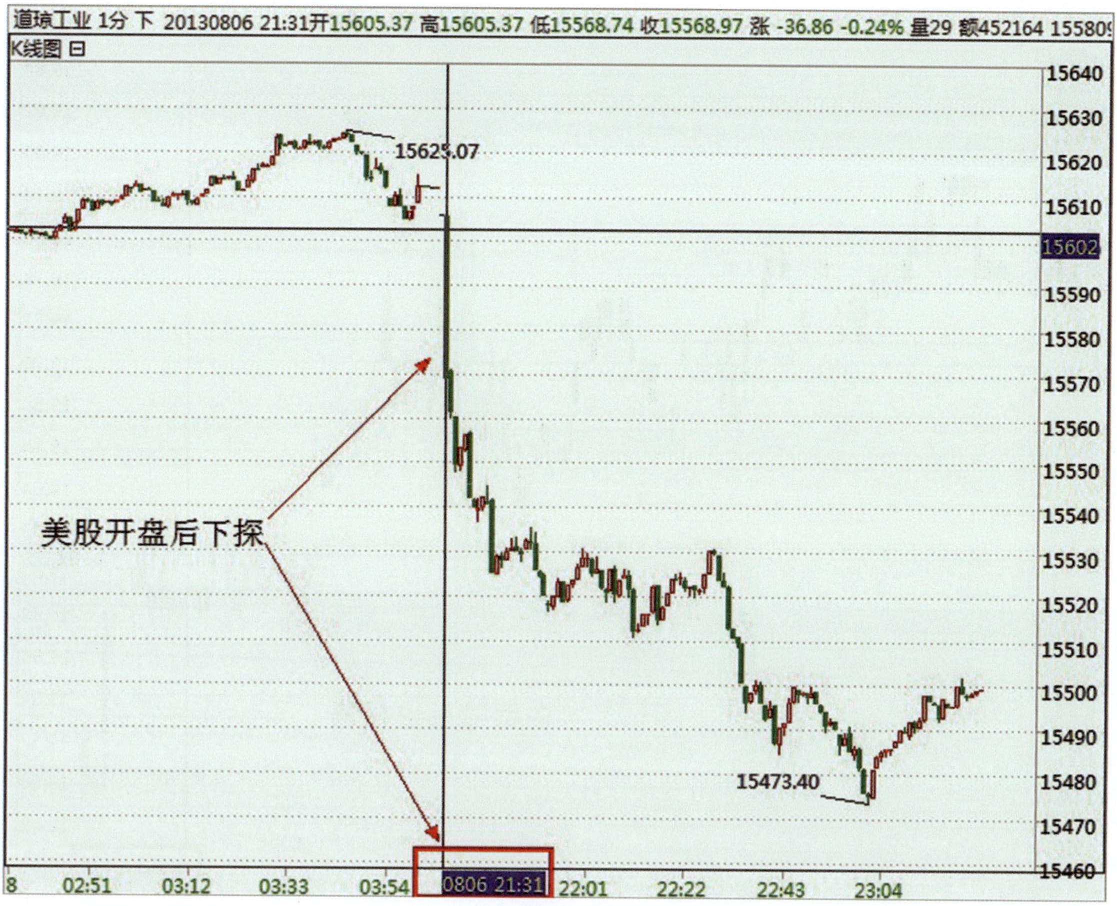

图 14

图 14 是美股开盘后的走势，21：31 开盘后一分钟急速下探，这也符合“道指期货”提前下跌预示美股开盘会走低。那么这会对现货白银产生什么样的影响呢？请见下图：

图 15

现货白银在美股开盘后也探出低点，虽然跌幅不大，但在“道指期货”的预期下，现货白银的价格已提前下跌，如果从美股开盘前后 30 分钟这一个小时来看，现货白银的总体跌幅也达到 0.2 美元，符合一单短线交易的空间。

这三张图连惯分析仅作为案例参考，而平常实际行情的变化也可能会大于和小于 0.2 美元的波幅。

三、黄金行情分析技巧

图 16

图形解释：

请注意图中圆圈内的时间是22：26探底，随后是一根中阳线回升，形成阳包阴的V字形。从高点回落时重心明显下移，接下来再看图17白银1分钟图的对比。

图 17

图形解释：

请注意看图中圆圈内的时间是 22：27 探底，随后是一根十字星线。从高点回落后以箱体横盘走势。与前面黄金 1 分钟图对比后，是不是黄金提前 1 分钟探底后阳包阴回升？从高位回落时黄金直接下探，而白银横盘走势，这是不是预示着白银接下来会跟随补跌？

一般情况下，黄金行情走势会先于白银 1 分钟或几分钟，但偶尔白银也会领先黄金，但整体大趋势上是一致的。

除了上述的美元、美股、黄金这三个主要行情之外，还有原油、欧洲和亚洲主要股市等。其他次要的尽量少看或不看，因为看的越多并不是好事，很容易分散精力和注意力，因为我们要投资的是现货白银，白银才是主题。这好比很多股民投资者一向喜欢研究分析大盘，而大部分精力放在大盘趋向上面，就失去对个股机会的注意力，其实股民投资的是个股，只有做精个股才有赚钱的机会。很简单，当大盘上涨 30%时，就会有不少个股涨幅翻番，如果仅专注大盘又能盈利多少呢？当然，不是说不理会大盘，不分析大盘，而是先分析大盘再研究个股。现货白银也如此，分析中先由外到内，先分析周边受直接关联的市场，再分析白银的大周期趋势，后分析小周期寻找交易机会。

第二节　由大到小分析

“由大到小”是指在分析现货白银当中先分析大周期图，后分析小周期图，目的是先掌握大趋向，后在小周期中交易时才会有操作倾向。例如，当大趋势向下，在小周期中就倾向于逢高做空单为主，若有反弹仅少量参与。

一、年线分析技巧

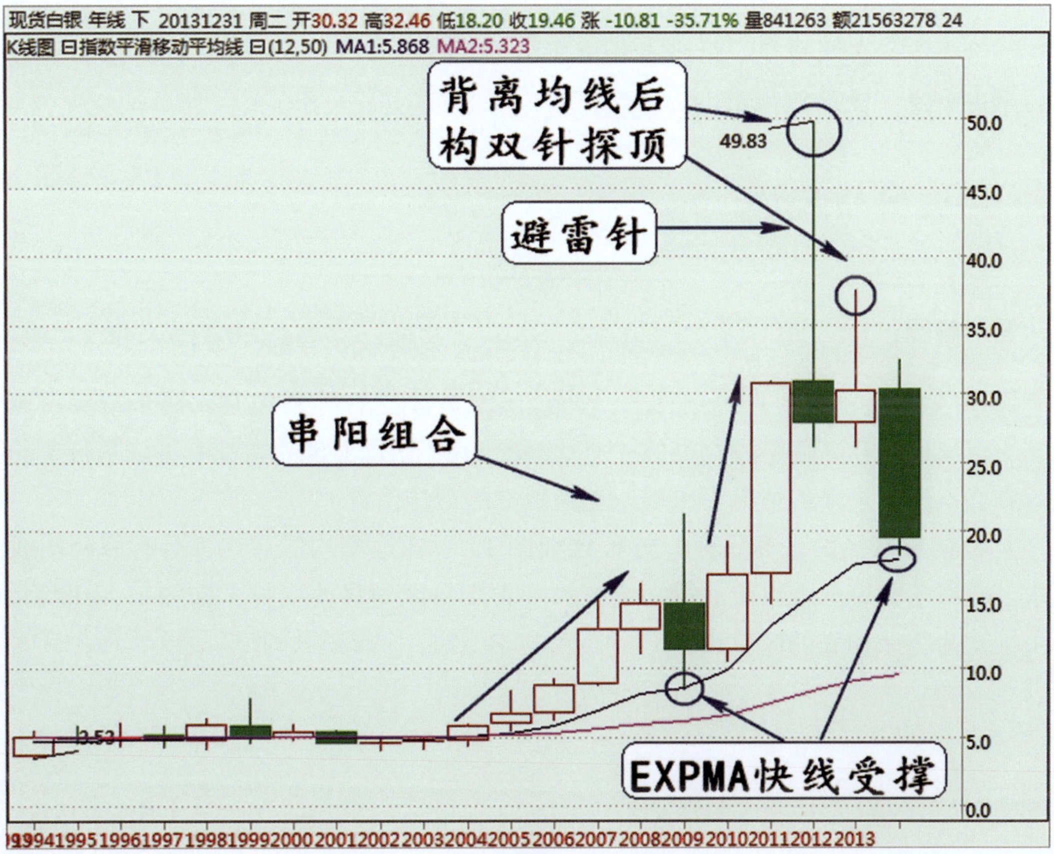

图 18

图形解释：

图 18 是现货白银“年 K 线图”。一直有阅读笔者教材习惯的投资者，对“串阳组合”图形并不陌生，该图形通常在低位 4～6 根中小阳线后再收 1～2 根阴线回踩，随即再拉升两根大阳线后探出高点回落。

再看图中近 20 美元较罕见的长上影线，随后反弹时没越过前上影线 0.5 以上又回落收出“双针探顶”。由此可见，第三根 K 线必跌无疑，也就是说 2013 年大趋势做空为主。

《现货金银　熊途未尽》这是笔者于 2013 年 4 月 11 日在中金在线发表的博文标题，当时白银价格在 27 美元上方，黄金在 1600 美元上方，而文中提示白银会迈向 20 美元关口，黄金会迈向 1200～1000 美元关口。但熊市不言底，极有可能会跌破整数关口，并打破普遍投资者的心理底线。时隔三个月白银果然如此，也正好回到图 18 中的 EXPMA 趋势线的快线位置获支撑。

许多老手投资者日常都只专注中小周期图中的短线交易机会，而忽略了大周期的趋势；一般新手投资者更不会注视到大周期图的重要性。我们可以做一个假设，将图 18 白银年 K 线当作是 240 分钟图、60 分钟图、5 分钟图来分析，你又会有什么样的判断？结论必然是右侧看空，至少在长上影线后的 3 根 K 线都是看跌；若想再突破高点，至少需要 5 根 K 线以上。

二、月线分析技巧

图形解释：

图 19 是现货白银“月 K 线图”。“阴包阳”是常见的 K 线组合，属于空头占领信号，更何况出现在高位阶段，类似“一叶落便知秋”，每出现一次都有可能是行情的拐点。在高点逐个下降的情况下出现，正是做空的最佳位置。

凡是有 K 线图的证券品种，当 K 线如图 19 一样远离均线后，都会有回归均线的要求，在回落时一般会以前一浪起涨前的密集交易区为重要支撑。如图 19 中的箱体，极可能成为将来构底的区域。

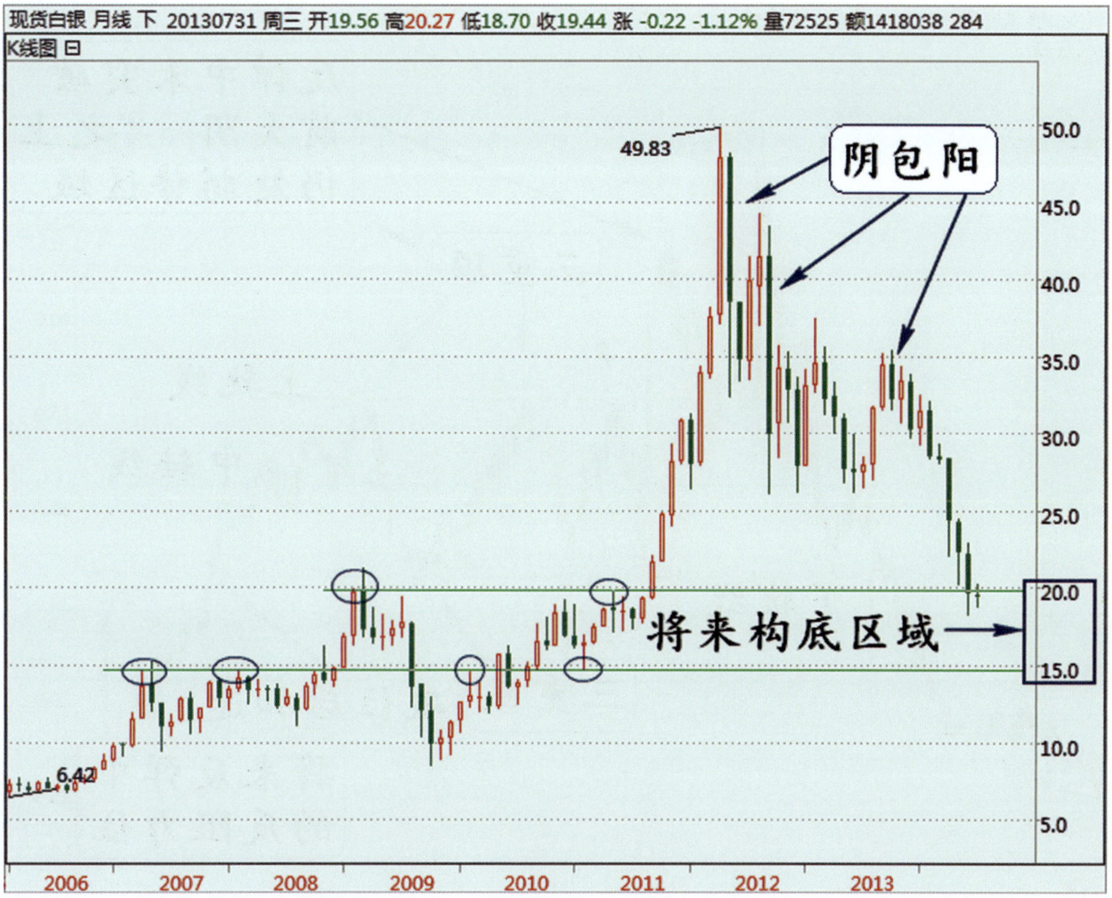

图 19

三、周线分析技巧

图形解释：

图 20 是现货白银“周线图”。周期越小，分析时要细致一些，但也会复杂一些。图形再复杂，都会有一条“强弱分界线”，只要你找准这条线的位置，就可定点展开其他方面的分析。

如图中后面四次高点，都没有突破或站稳前大阴线的一半以上，据此说明行情仍处在弱势区域，只有站稳之上，多头才能占据优势。

再看如图中的“中轴线”一般用于在箱体或震荡或修整行情中，在这区域内越过“中轴”之上为强势区间，跌破“中轴”之下为弱势区间，其“中轴”线也是整个区域

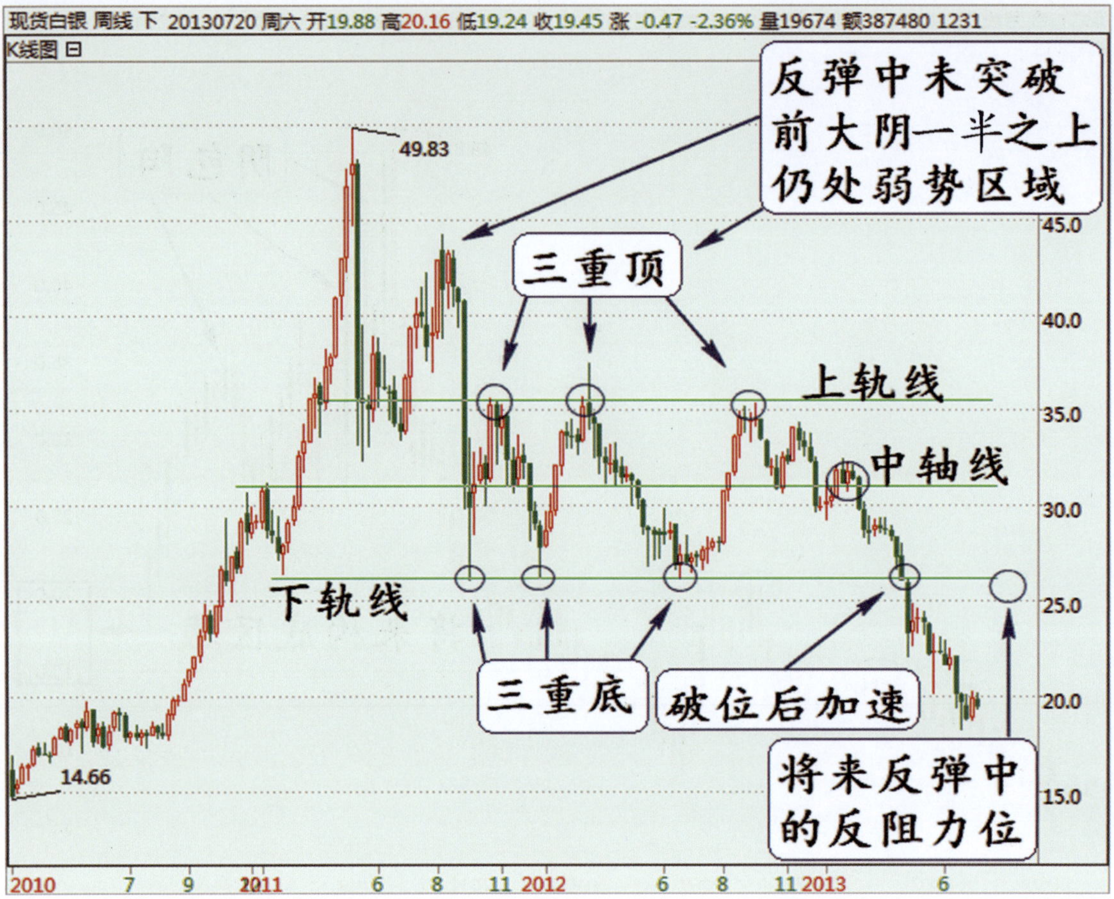

图 20

内的“均价”位置，所以尤其重要。

特别是图中在第三次探底时构成密集交易区，说明市场在纠结中，既不愿做空，多头又欠缺动力。但我们可以从第三次探底密集交易区的末端看出“重心在明显上移”，由此判断向上涨的概率逐步增强。笔者在实盘群中就明确提示过“三次见底不跌必会大涨”，上涨第一阻力是“中轴线”，第二阻力是前两个高点，再构“三次见顶”，然后再回踩“中轴线”时就看支撑力度如何？如果支撑力度强，就会继续上涨创新高；如果在“中轴线”未能获有效支撑，那么就会再探前低点处；如果前三个低点处未能有效支撑，那么“熊市”行情就此展开，一旦跌破后，将来若反弹时必会成为“反阻力位”。

另外，越是重要的支撑或阻力位，一旦被击破后，行情必然会加速，这就是一种市场投资者的心理效应。当打破心理底线，失去心理防线时，行情就会形成一种惯性伸延。什么是重要的支撑位和阻力位？就是经过多次考验的位置。

四、日线分析技巧

图 21

图形解释：

图 21 是现货白银“日 K 线图”。前面经过年 K 线、月 K 线、周 K 线详细的分析前数年、前数个月、前数周不同时间段的判断后，接下来再看看日 K 线图。

图中前面在第三次见底回升途中曾构成过“上涨中继平台”，此位置正好是图 20 中讲到的“中轴线”处，这不是巧合而是真正的技术本质所在，在此位置必须会停顿一下。如前面讲到 1 分钟图和 5 分钟图的案例一样，K 线没有跌破 EXPMA 快线，就具有构“上涨中继平台”的潜力。

后面的走势如三浪下行再加主跌浪，其分析和判断技巧在前面已作讲解，在此略过。但是，这种预判性较强的技术形态常出现在大周期图中，可想而知空间会是多大？中间就算抓住一个浪形都可大赚一笔。

为什么笔者建议新手在入门后先以短线为主？目的是通过短线交易去寻找盘感、快速验证技术图形和技巧，把小周期的短线图形做精后，再运用到大周期图中去把握大机会、赚大钱。如果在学习阶段中，以大周期图来做试验，恐怕要花一年以上的时间才能理解透所有的图形。所以，很多股民投资者选择现货白银市场进行技术练习，这比在股票中学习技术时要花的时间少好多。

五、分时分析技巧

图 22

图形解释：

图 22 是现货白银“分笔图”也称“多日分时图”。在第一章中已讲过 240 分钟～1 分钟图之间的看盘和分析技巧，在此补充“多日分时图”的讲解。

图中只有一个要点，其他均可以图形形态进行分析。其重点是“均价线”，价格无论怎么波动，最终都是围绕着均价线上下波动。当价格远离均价线之后，就会随时有回归均价线的需求。有时当价格回到均价线时也可能会构成“支撑”或“阻力”。除非是受重要利好或利空消息后，产生大波动行情时，价格远离均价线的时间才会长一些，但是均价线也会随着价格方向移出，最终还是会慢慢靠拢。

特别是在震荡行情中，在没消息影响的情况下，投资者完全可按照均价线上下低买高卖，但是要注意当价格回线均价线时是否会有阻力或支撑？以便作出止盈的策略。

通过前面“由大到小”周期的分析过程中，犹如笔者在炒股精简易学实用系列丛书之《做精一种手法》书中所讲到的：

●长看一年翻几倍

●中看半年炒作否

●短看三月建仓区

●近看一月洗盘位

●细看一周形态图

●再看分时找买点

●时间窗口有变数

在现货白银行情分析中仍用同样的手法，笔者发现有不少投资者在分析行情时，没有连贯性、没有依据性和逻辑性，而是东看看西看看，没有先后顺序和流程，更没有一套完整的手法技巧，这样的分析是比较欠缺周全性和可靠性的。希望读者看过笔者的教材之后，能为梳理一套属于自己的系统的看盘方法和分析手法。

第三节 K 线形态分析

笔者在《现货白银做精一张图》书中将各种图形形态的特征和买卖点位以及止损止盈点位等，作出了详细而又全面的讲解。在此分析章节中再重提两个要点。

一、寻找规律

在经过大周期图的分析之后，再回到小周期分析中更注重的是“K线形态”。单根K线分析出的定论太单一，也缺乏可靠性，因此真的有效的技术分析是“K线组合形态”。

先看懂一个大形态的趋向、再看明白现处的阶段位置，后再看当前的组合形态是多头还是空头占据优势？当前的组合形态是上行后或下行后的修整中？当前组合形态是横盘或震荡中？当前的组合形态是变盘区域还是快临近变盘时？

如此，由大到小、由先到后、环环相扣，井然有序的由粗到细地去分析。总之，看的越全面、分析的越细微、理解的越透彻，才能发觉出越多的“规律性”；也只有从规律中才能踏准“节奏”去交易。

二、寻找安全区

在技术分析当中我们最终的目的是寻找可交易的“信号”和“点位”。但是，很多投资者在分析中会忽略一个要点就是要先“寻找安全区域”，只有在安全区域中去把握买点，成功的概率才会大大提高。

K线技术当中有哪些特征属安全区域？

1. 支撑位

在某“支撑位”买进多单一般比较安全，特别是在同一个位置形成多次支撑现象，甚至是在跌至前面几个低点构底后回升时买进多单，或者是在受支撑后以“V”字形直线回升时买进多单，还有一种是向上突破之后再回踩至原上轨处形成“反支撑”时买进多单，这些都是买进多单比较安全的区域。例如前面图20中的第二次探底时直线回升时，和第三次探底时构底蓄势后回升时。

2. 阻力位

在某“阻力位”买进空单一般比较安全，特别是在同一个位置形成多次受阻现象，甚至是在涨至前面几个高点时构顶后回落时买进空单，或者是在受阻力后以“倒V”字形直线回落时买进空单，还有一种是向下突破之后再反弹至原下轨处形成“反阻力”时买进空单，这些都是买进空单比较安全的区域。

3. 突破位

“突破位”又称“起涨信号”和“转跌信号”的拐点位置，向上突破买进多单，向下突破买进空单。“突破线”会在不同阶段位置中出现，而最安全的阶段位置是有前提的。往往出现在长时间蓄势之后的突破、在变盘区域后的突破、在市场投资者较重要的心理防线突破时，如图 20 中在第四次探底时一跌破前三个低点后空头就加快速急挫。

4. 中继位

“上涨中继平台”和“下跌中继平台”中买进多单和空单也是较安全的区域。但是要注意细节分析，例如：中继平台之前起涨时是否强势？如果极度强势说明多头一时还不会削减，那么上涨中继平台构成的潜力就越大，相反向下也如此；同时，在中继平台中还可参考下方的 MACD 和 SUPL 指标线移向，是否有背离？还是严重背离？一般只要不是严重背离都不要紧；再观察平台中的阳线和阴线比例，是否阳肥阴瘦还是阴肥阳瘦？其次，观察平台末端的重心是向上移还是向下移？最后，再观察临变盘时极可能会收出微小的 K 线，如十星、上下影线，说明即将变盘突破，也可在突破时再下单会更安全。

5. 近损位

是指在分析后计划买进的点位离技术图形条件上的止损位较近为安全区域。举例说：我们平常下单交易时一般以 0.2 美元以内为止损区域，如果你看好的买点离止损位有 0.3 美元以上，说明你这个买点位置并不安全，因为你所承担较大的风险；如果你看好的买点离止损位在 0.2 以内，越少越安全，因为你所承担的风险较小。当然，许多现货白银交易所对止损位有限定要求，如必须要大于人民币 1 元以上。如何分析出止损位在哪？笔者会在后面继续讲解的。

第四节　心理行为分析

“心理行为分析”这是一个广泛的名词，需要结合社会学、心理学、经济学、管理学等综合元素。主要分析群体思维、群体决策、群体极端化的动机、能力、偏向等。

而证券市场是一大群智力相当的人面对大致相同的市场资讯和行情，使用大致相同的分析预测手法，遵循众所公认的交易规则，进行一场零和游戏。

一、市场人气分析

“市场人气”高涨和低迷决定市场交易的活跃性和参与性。当人气高涨时容易产生大波动行情，说明当前市场具有投资价值并具有参与性，例如遇上重大消息前后和重大突发事况时；当人气低迷时由于交易冷淡，行情一直沉陷在横盘状态窄幅波动，说明当前市场缺乏消息影响，或是对预期消息不明朗，甚至对当前和后市行情失去信心等现象。

“市场人气”是需要累积的，是需要背景动力的，是需要信心作支撑的，好比一只股票若想一直能上涨必然少不了该上市公司的业绩为支撑，只要个股业绩能持续高增长市场人气就会逐渐聚集的。就现货白银而言，人气最旺的时间莫过于一月一次的“非农数据”公布前后两个小时。往往在重大消息发布前一两天市场人气都比较平静，说明大众都处观望状态，等待消息窗口来临。

“市场人气”是会发酵的、是会暴发的，例如当行情沉淀过久，市场投资者心理必然会发酵的，因为每天都在观望，而大波动行情却迟迟未现，人的耐性是有限的，如果行情一旦异动就会立即引起市场一片哗然，暴发性的行情由此而产生。在股票市场中很多投资者就喜欢去发觉股价有异动的个股，说明里面的主力有意图、有动机，并能引起其他投资者的注意，人气自然会聚集。总之，哪里有人气，哪里就有大波动行情，哪里就有交易机会。

“市场人气”可直接反映到K线图中，例如箱体内宽幅震荡和单边行情时，人气是最旺的特征；窄幅横盘和频繁收星线（K线实体较短）时，说明是人气最清淡的特征；在中小周期图中出现密集交易区，说明人气正在聚集的特征，蓄势待发。

二、心理价位分析

“心理价”是指市场投资者对某一个价格形成公认的心理保护价位。一般可分为三种类型：一种是较强的支撑位（经过多次反复回踩受到支撑的价位），较大的支撑位（例如历史性在大底低点）；二种是较强的阻力位（经过反复多次上涨受到阻力的价位），较大的阻力位（例如历史性在大顶高点）；三种是根价格数字有关（例如整数关口、比较易记而又吉利的价格数字如19.88、20.20、23.45…）。往往价格到了这三种类型的条件下，都会引起市场投资者的注意，当众人都对这个价格产生重视时，就自然构成“心理价位”，如图23。

图 23

图形解释：

图 23 是现货白银“日 K 线图”。图中的价格数字是否有异常？一般在短、中周期图会较多较明显，而大周期图就少见了。

如果在 30 分钟以内的小周期图中出现，一般作用不大，因为价格波动频繁，很容易被再次刷出新价格，所以，一般在 30 分钟至 240 分钟图之间出现容易引起市场的关注。

如何确定这样的价格数字是巧合？还是随机移动构成？或是真的成为影响市场投资者的心理行为？如何区分主要从小周期图中去观察，中周期图中去确认。例如观察小周期图中在探出这个价格数字后走势是否出现了“强势”逆转？如果是，说明市场对这个价格数字得到有效公认的心理行为；如果不是，而是仍在原位区域微弱般地盘整，说明市场对这个价格数字的不感兴趣，没得到大众的认可。总之，从出现之后的

5～30 分钟内去观察，是否有产生强烈的市场反应？当然，不管这种价格数字能否成立？一旦出现，都要引起我们的注意和观察，因为小心驶得万年船。

这种价格数字也具有周期循环性质的，例如在某一段时间内小周期图中频繁出现，并频繁产生扭转行情；有时在某一段时间内小周期图中频繁出现，而没有一点保护作用，也没有产生扭转行情，不一会又刷出新价位。这种在某一段时间内小周期图中频繁出现如 19.88、19.77、19.66、19.55……或者是高点为 19.11 后立即转势向下，当跌至 18.11 时立即转势向上。

由于的“人气”和“重要价位”的重要性，笔者特研发了一款“股票/现货/期货/外汇价格报警短信通”软件，如果行情一直在横盘，没有时间和精力一直盯盘，投资者又怕行情突然起动而错过交易机会，或者是在等待一个重要的支撑和阻力价位到来。那么笔者这款软件便可发送短信提示到投资者手机上，例如投资者设置在横盘上轨价格之上的价位，设在软件报警系统中提交（然后关闭软件或电脑忙别的事），当价格到达你设的价位时，软件会自动发出短信至你的手机上面，然后你立即回到电脑旁边看看是否有交易的机会。该软件详细功能和介绍可阅览书后“附录”或到 www.guyuwang.com 下载试用。

第五节　预知一日分析

预知一日可致富，预知三日富可敌国。在现货白银分析当中，除了发觉可操作的安全区域、可交易的点位和盈利空间为目的之外，还需对未来一日、三日、一周、一月，甚至一年做出分析和预判，这可对你在成功的路上起到事半功倍的作用。能分析多长的周期，关键取决于你的经验和技术功底有多深，但在日常中“预知一日”的行情是非常有必要的。能够“预知一日”的技巧主要有以下三种：

一、从消息窗口预知一日

1. 重大消息发布前三日

在这个时期内可从消息预期值的反应，能否引起行情提前预演？再从当前走势中去分析市场投资者的心理行为，是处在观望还是操作预期行情？从这两方面去分析判断接下来的日 K 线会大致怎么运行。

2. 重大消息发布前一日

从近1～3日内的走势中，去分析明日消息发布时大致怎么运行？在消息发布时会先上后下？还是先下后上？还是沿原趋势运行？或是会产生单边行情？其主要是分析消息是利多还是利空？K线形态现处的阶段位置和上下阻力支撑位的关系。先确认消息属性，再看阶段位置，后看上下能波及的空间区域，最后再预计会先上还是先下或是怎么运行的细节。

二、从240分钟预知一日

作为技术派投资者通过240分钟图去分析次日的行情是很容易的，因为一天24小时仅有6根K线。可以通过平常所用的形态组合、技术指标等手法去分析。

三、从收盘线中预知一日

1. 从收盘后去发觉规律

图形解释：

图24是现货白银“日K线图”。图中只是针对应有的经典图形作出案例标记，而实际中会有不同的K线图形，主要看你能认识多少种图形的特征和意义以及技巧。如果将笔者的《现货白银做精一张图》这本书熟读3遍以上，就能基本掌握所有常见的图形了。

为什么要以K线收盘时再作最后的确定，因为在K线没有收盘之前就仍存有变数。当然，在没收线之前也可以作出初步判定，当收线时再作最会的确认。

图 24

2. 从收盘线去分析次日行情

图形解释：

图 25 是现货白银“日 K 线图”。图中的规律性是最为常见的，在中期图中也如此有效，小周期图中则作用不大。其阳线和阴线的实体越长、上影和下影越短，在次日延续的可能就越大。虽然不能确定次日能延续多久多长，但多少都会延续的。

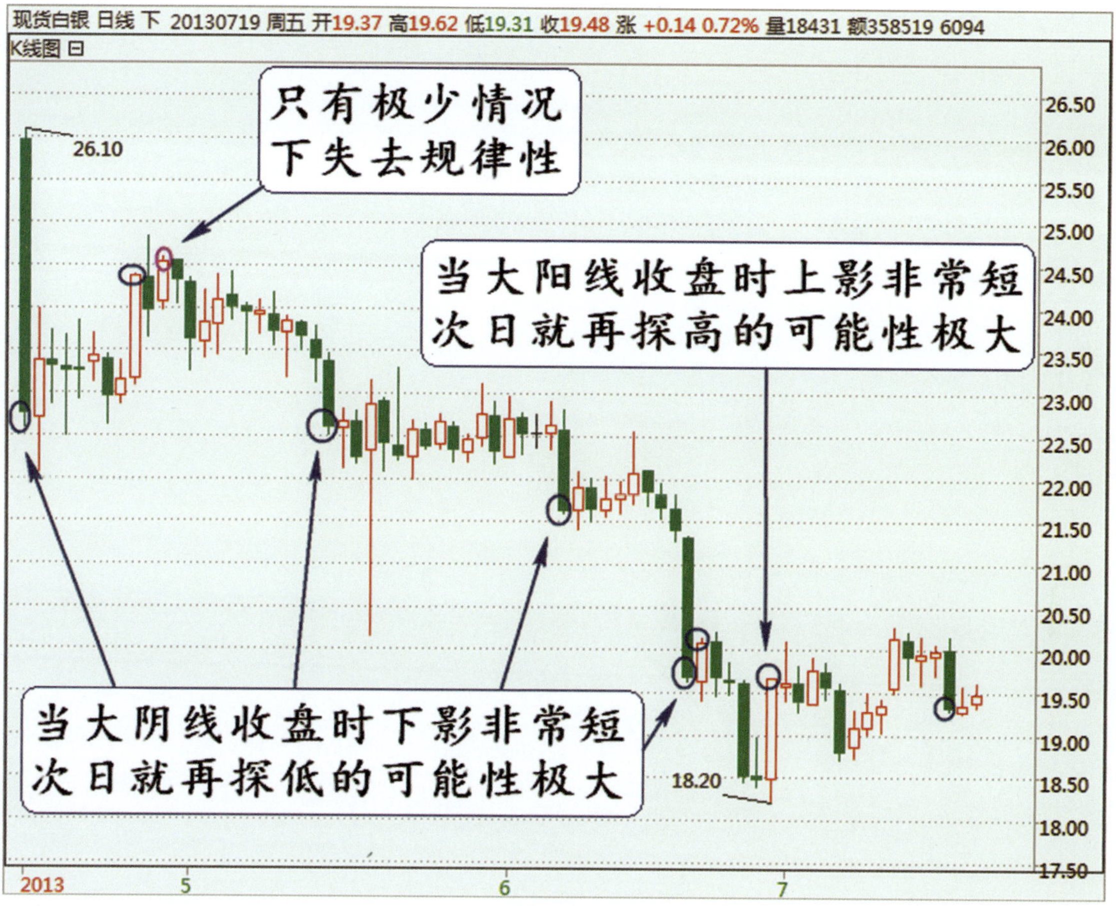

图 25

本章综述

投资者一定要确定大趋势，再看现处阶段位置，后看形态图形和分时、分笔图。从中去判断趋势、价格、均价、空间、安全区、时间和点位等，接下来就是制定相应的操作策略了。

第三章　操作策略手法

导读：

每一位投资者在投资操作过程中都必须要具备几套“投资方案和操作策略”。简而言之：没有几种战术岂能上战场？又何能赢取胜战？“操作策略”是智慧和技巧的结晶，有智慧没技巧、有技巧没智慧都不能作出健全的策略。证券市场投资当中的“策略”可分为两种：一种是“固定策略”（是指常用几种不会轻易转变的手法）；二种是“动态策略”（是指随着行情的变化而采取随机应变的手法）。请记住：没有不赚钱的操作只有不周密的策略，例如乘胜追击、顺势而为、反败为胜、防攻兼备、以静制动等都属于实盘中常用的操作策略。

第一节　买前策略

“策略”又称“计划”或“方案”、“手段”、“手法”等意义略同。策略通常在执行之前制定，在交易前通过再三思索、反复斟酌后定下结论，以便在执行中万无一失。

在交易前制定出周密的策略是非常有必要的，因为一旦下单交易后，你的注视力和情绪便已随价格波动而去，买进成交后根本无法冷静下来思考，只好随机应变，往往在临时中作出的计划都是较盲目的、草率的，欠缺周全性，长期这样将酿出不良的操作习惯，这将会成为你成功路上的绊脚石。

在操作前需要考虑四个第一。

一、安全第一

如何判断安全系数高低？主要是从当前的市场环境和技术图形着手分析，例如市场预期不明确、方向不明朗，技术图形没有规律可寻、行情走势极为复杂等情况下。总之，不确定性的因素越多，安全系数就越低，千万不要火中取栗，尽量避开地雷区。

二、风险第一

如何判断风险指数大小？主要是从买点信号的可靠性着手分析，行情再好、信号再明确，如买入点位和时机不恰，都能扩大风险指数。例如追单就存有较大的风险，所以笔者一向建议投资者尽量少做追单，即使要追也是少量仓位参与，并快进快出。交易成功与否是一种概率，概率大小也就是风险大小，所以计划买进的点位之前应考虑到安全边际和风险边际，只有当风险小于机会、机会大于风险时买进，其成功的概率就会越大。

三、保本第一

保本计划是指假设行情没按预期运行，而使预判的图形破坏后，市场失去先前看好的信号时，需采用保本为上策。早作了断也是降低风险的一种手法，不要因为心里不服、犹豫不决而错失保本的机会。笔者常言道：在高风险市场中，多得不如小得，少得不如现得，现得不到就尽量保本或小亏出局。当然，偶尔因行情的波动导致上下来回扫，刚保本或小亏卖出后行情又回转了，促使心理不平衡、报怨等情绪上的波动。其实这样想是一个误区，为了控制风险而卖出空仓，但手持现金还怕没机会再交易吗？有这种风险意识总比没有要好。往往很多人因头脑反应迟钝，应变能力不强，思维不能随即转换，必然会错失二次机会的，这也只能怨自己不够上进。

四、生存第一

俗话说：留得青山在，不怕没柴烧。稳中求发展才是生存之道，唯有生存下去才有出人头地的一天。要想保持资金实力，就要做好上述的三个第一。只要你能在现货白银市场中生存 3～6 个月，多少会有所成就的，如何生存？如何过渡这几个月的周期？笔者在《现货白银投资指南》一书中已作讲解。

第二节　交易策略

交易中是否理性？买卖是否自如？嗅觉到风险时是否有回避方案？突发状况是否有应对措施？最好计划、最坏的方案是否俱全？如何防守？如何进攻？是否已做好两手准备等等这一连串问题都会应用到“交易策略”中。

一、防守策略

俗话说：做任何事都要防着一手。特别是证券风险投资，更是不得不时刻提防风险降临。如何提防？除了紧盯盘看变化之外，重要的是“手中有单，心中有点位”。从前面分析出的几个重要点位如：第一目标位、第二目标位、第三目标位，第一风险位、第二风险位。目标位也可能是阻力和支撑位或是止盈位，风险位一般最多定 1～2 个，目的是尽量缩小风险范围。如第一个风险位失守时，但整体图形还没有完全破坏，这是属于一种警示信号，重仓的可以减持。如果第二个风险位失守时，可能会使整个预期看好的图形完全被破坏，这是属于一种最后防线，不管仓位轻重都应全部平仓。总之，要想做好防守，就必须将几个重要的点位锁定，一旦触及就立即执行策略。

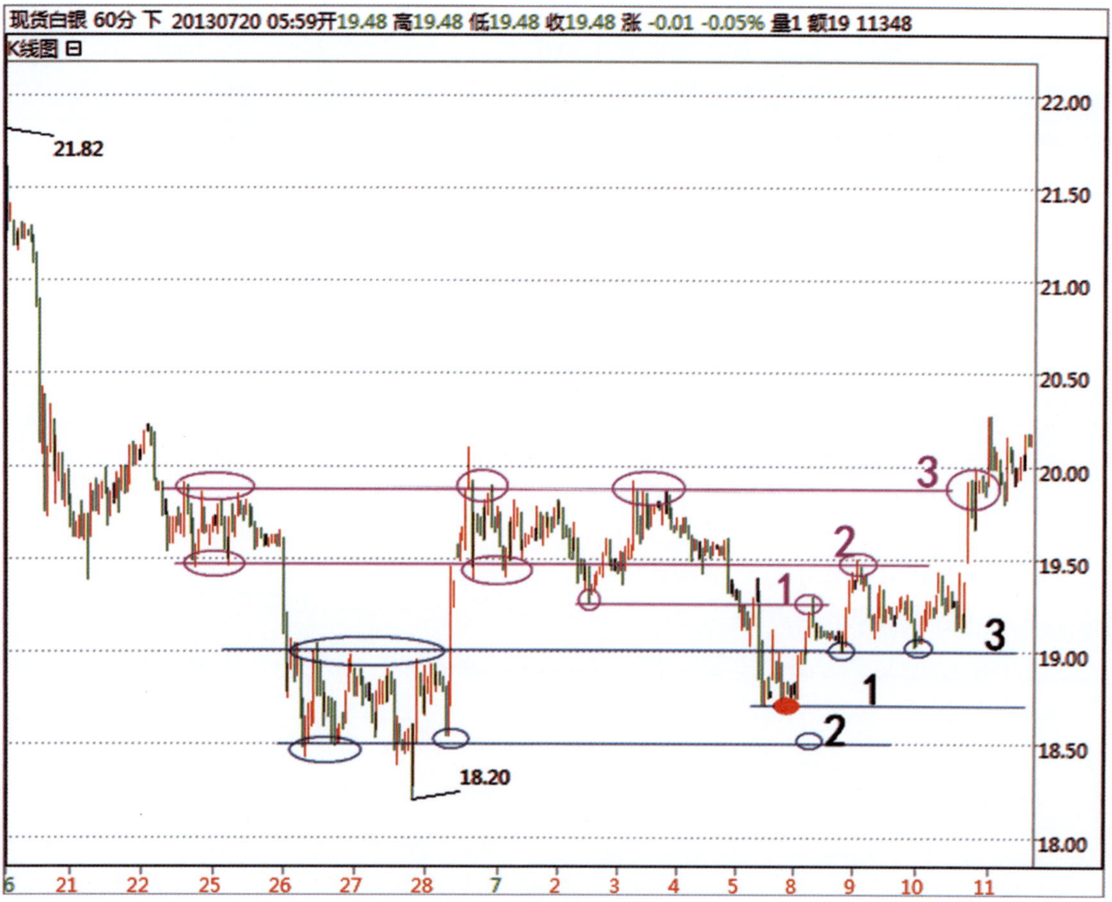

图 26

图形解释：

图 26 中的红色圈点为多单买点位置，因为在前构底区域处获支撑后大阳突破时为多单信号。红色数字为三个止盈目标定位，黑色数字 1 和 2 为止损目标定位、3 为保本定位（若跌破此位可考虑是否保本卖出控制风险）。一般防守型策略均是看一步做一步，并且把止损定位很明确，同时还会做好保本方案。

二、进取策略

在实盘交易当中，有时如果不适当冒险进取，必然是赚不了大钱的。例如：20.2 美元买进多单，结果白银价格上涨至 20.6 美元，但你还认为会到 20.8～21 美元的潜力，所以你也没有逐步减持或全部平仓止盈，然后价格回落至 20.4 美元（正好回踩

0.5 的位置），此时你可能会想，如果回到 0.5 之下就保本位上方平仓，如果再重返上涨就继续进取更大的空间，然后当价格又涨回到 20.6 美元左右时，你可能会想会不会受到阻力？如果有阻力就坚决获利了结，如果没有阻力就继续进取到 20.8 美元左右或之上再逐步止盈。简单的说，只要你的策略周全、合理，那你所冒的险也是在能控制的范围之内，同时心里也比较踏实，更不会情绪紧张。总之，不管你有没有贪念，或是想进取多少？前提必须是在你能掌控和你能接受以及在你所预计的范围内，千万不要幻想、不要强撑。

第三节　持仓策略

买入需要有信号，持仓需要有依据。很多投资者买入容易，持仓难，卖出更难。举例说，买入的单本来是可以盈利的，但结果变为亏损的；或者是还可以持仓多赚点，而提前卖出却少赚了。

有不少投资者买入后，情绪就随着价格波动而紧张，也就乱了阵脚，并失去了目标和策略，更没有持仓的依据。总归一句话：“买入前很清醒，买入后就糊涂、一团糟”。

持仓中主要以三大依据为准：

一、没勾头可持仓

图形解释：

“没勾头”一般是用在分时图和分笔图中，适用于短线交易者。其技巧是，当价格线一直呈攀升或下降趋势中便可继续持仓，如果中途有微小波动可不理会。但是，一旦价格线出现直线勾头形成“尖顶”或“尖底”的 V 形时就需要考虑卖出止盈，特别是“勾头”较长较大的极可能成为行情扭转信号。

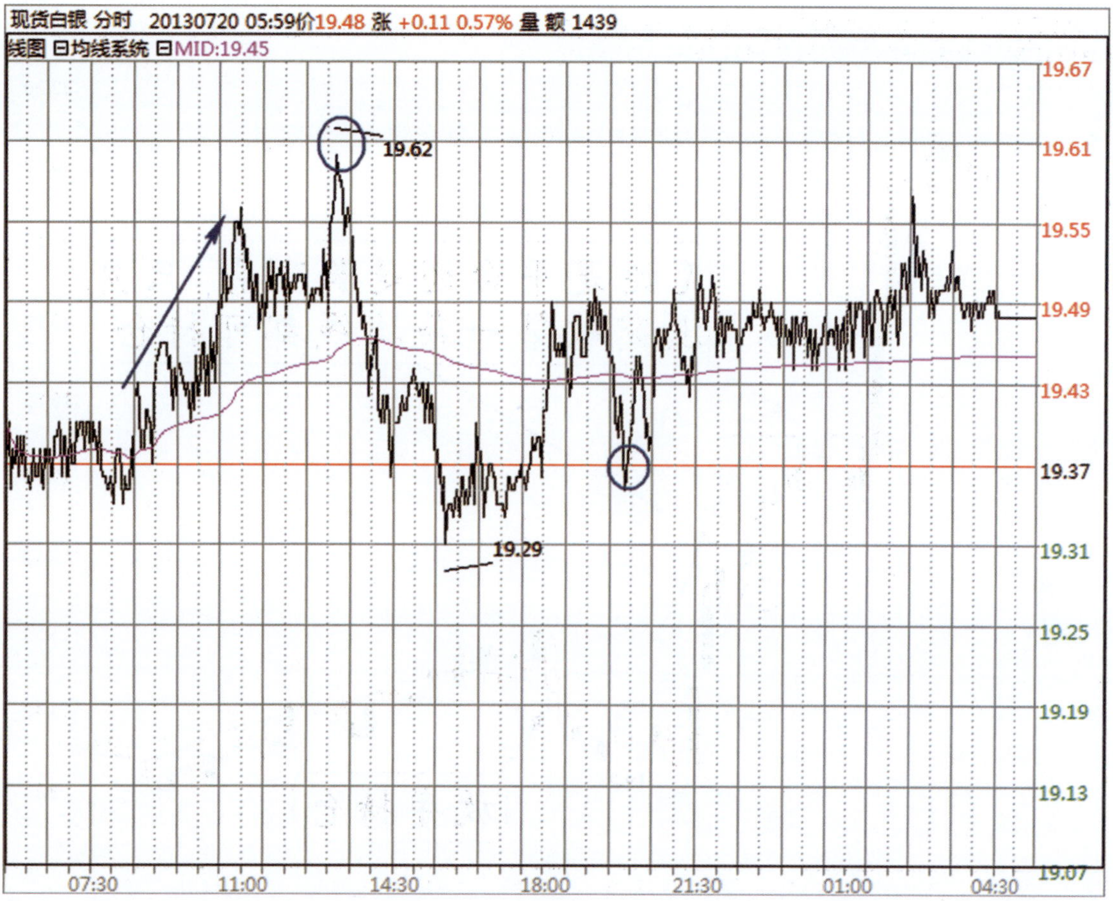

图 27

二、没破线可持仓

图形解释：

“没破线”是指 EXPMA 趋势线中离价格最近的一条简称“快线”，无论上涨或下跌中行情伸展时，只要 K 线没有穿破此线，说明行情仍在顺势延伸，那么就可继续持仓。此持仓手法在短线交易中以 1 和 5 分钟图为主、波段交易以 60 分钟图为主、中长线交易以 240 分钟以上的周期图为主。一旦当价格穿破此线时，或者没有迅速回转的迹象时，应立即卖出止盈。

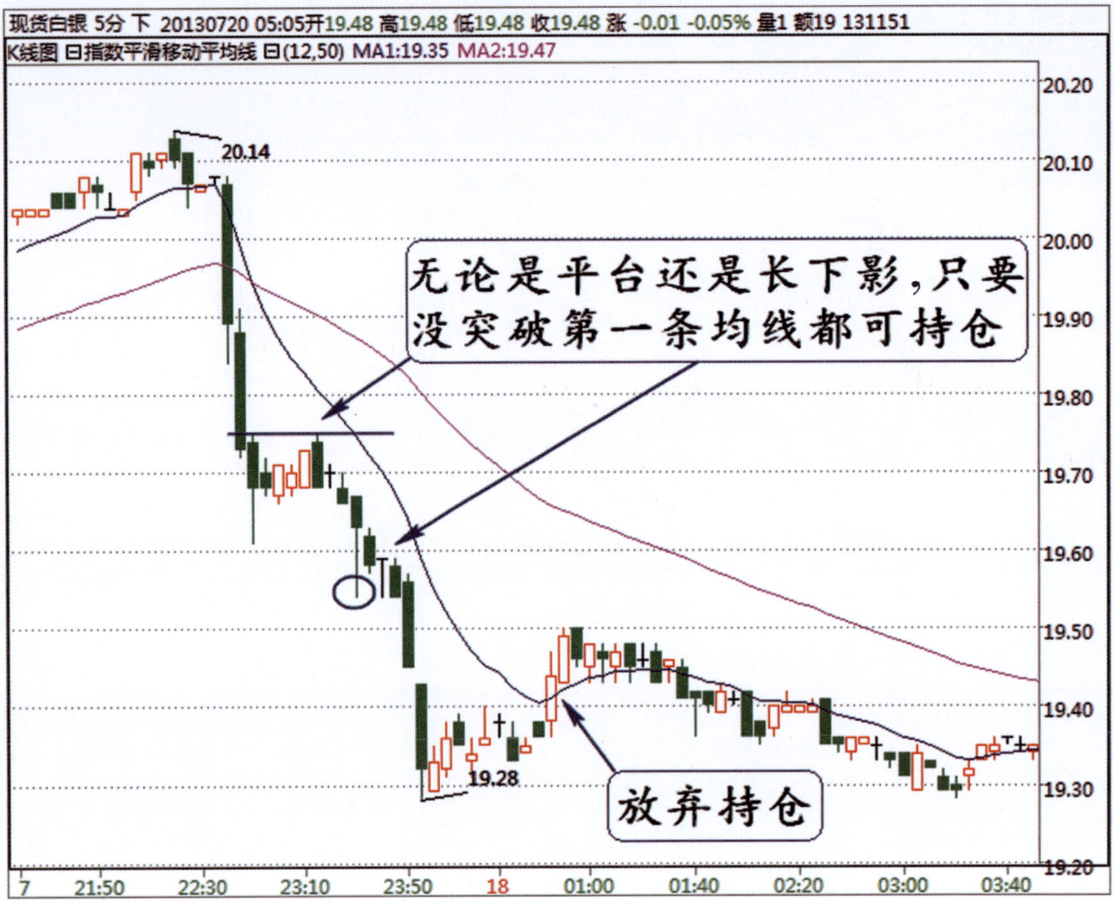

图 28

三、没破位可持仓

图形解释：

“没破位”是指支撑和阻力点位的关系，上涨中在回踩时没跌破支撑位置可继续持多单仓，下跌中在反弹时没突破阻力位置时可继续持空单仓。前提是要找准有效的画线点位，特别是中大周期图中的支撑和阻力位反应最显著。

图 29

第四节　卖出策略

在股票市场中常言道：买进容易卖出难，会买是徒弟会卖才是师傅，而在现货白银市场中卖出手法也尤其重要。例如，只要卖出策略恰当，可将风险由大化小，也可将利润由小放大，还可以扭亏为盈。

一、风险由大化小卖出策略

主要是以保本位卖出和严格按照止损位卖出为主。其次是被迫情形下，主动挽回部分损失，如下图。

图 30

图形解释：

先理解图 30 中的“中轴”位是指上下 0.6 美元幅度的居中位置，也可理解为通道中的均价位置。

假设：你在图 30 中上轨红圈内买进 10 手多单，随后下跌中因没有设止损或来不及设损的情形下，此时你应该会考虑到中轴和下轨会不会有支撑？如果到中轴没有支撑就减持 5 手降低风险。当到了下轨时发现有构底平台迹象，说明支撑信号较明显，接下来就应做好补仓策略。一旦出现大阳突破起涨信号时就立即补仓 5～10 手，其止盈目标先定在中轴位置，如果你补仓是 5 手到中轴位置时全部卖出可以小亏，如果你按原持仓手数的倍数补仓 10 手到中轴位置时全部卖出可以保本或小赚，也符合“扭亏为盈”的操作手法。

但是要注意，如果补仓进去，价格没有继续上涨，也没有涨到中轴位置时，就要考虑保本或小亏卖出补仓的手数，往往在构底时会震荡波动，因为你仓位增重时是经不起价格震荡的，更不能久留。如果在经过震荡之后重心上移时，或者再次出现大阳起涨信号时再进行补仓为安全。如果后面重心下移也没有出现大阳起涨信号时，可以考虑卖出原有 5 手多单（全部止损），不要等到价格跌破下轨时再止损，因为越是重要位置，一旦被击破行情就会加速下挫，到那时你止损都来不及。

二、扭亏为盈卖出策略

主要是指到第一止损位时先减持降轻仓位风险，当到了第二止损位附近时产生扭转趋势时再增仓，当价格回到前面减持卖出位置时，就可保本或小赚。这也是一种“解套”策略，但必须是当前大趋势跟你买入的趋势为一致，最好不要逆市采用。当然，这是一种高难度的做法，需要一定的技术功底和实盘经验，而新手只有到止损位时就立即执行或提前设好止损位，千万不要被深套。因为，一减一增是需要有精准的技术分析依据和把握，同时还需要一种胆识。

三、利润由小放大卖出策略

主要是以步步为营的策略，以小博大的零风险手法，简称“金字塔止盈手法”。

图形解释：

图 31 中数字 1～3 分为三个止盈目标定位，数字 4 是指在突破 3 之后又回踩 3 的位置获反支撑的信号，说明后续仍有高点的可能。

举例来说：在图 31 中的 18.8～19 美元之间买入 10 手多单，当到了第一目标位 19.2 美元时可减持 5 手，获利 0.2 美元符合短线基本标准；余下的 5 手多单如果在回踩时跌破前涨幅的一半之下止损卖出（如图中的第一条蓝色横线处），加上前面 5 手的获利可持平（不亏不赚）；余下的 5 手多单如果在回踩前涨幅的一半时获支撑，又出现阳线上涨到第二目标 19.4 美元时，可减持 3 手；余下的 2 手多单先看第二浪上涨幅度的一半位置是否有支撑？再看前一个低点（第二浪起涨前的低点处）作为最后的保本防线，一旦跌破就要立即卖出，此时账户仍有 5 手的 0.2 美元盈利和 3 手的 0.4 美元盈利；如图中在第二目标后回调仍在前一个低点 19 美元之上，说明还有第三浪上行的潜力，那么余下的 2 手多单便可持仓到前高点 19.8 美元的位置；当图中的第三浪起涨时是以大阳跳空上涨，说明突破前高点的意愿很强烈，此时可以有 19.8 美元位置卖出余下的 2 手多单，也可再减持 1 手；余下的最后 1 手可在突破之后顶背离时卖出，或

图 31

者在回踩第三目标时有获反支撑现象，说明行情还有新高，那么也可以用这最后 1 手多单继续搏更大的盈利空间，如果搏不成就在跌破第三目标位之下时卖出。

由此可见，“倒金字塔”由大到小的卖出止盈手法是很稳健的策略，并且在第二目标锁利之后，余下的 2 手多单绝对是零风险中以小搏大。当前面有了大量仓位已锁定利润，后面的小量仓位完全可按照技术条件和信号去博取更大的利润，即使没成功，也可将后面的小量仓位在保本价之上卖出，整体上仍有 8 手多单是获利。如果博取成功，那将是大获全胜。

特别是很多投资者在没有卖出策略和技术点位的分析，往往只能赚取一浪行情中的一小浪，而大浪行情却被错过，或者后面又去追在浪尖上被套。

在此，笔者又一次重提：通常情况下，止盈目标可看 3 个位置以上，但止损目标必须在 2 个或一个；同时，当止盈空间大于止损空间时才可下单交易，例如止盈目标有＋0.3 美元以上，而止损目标位置是－0.2 美元的情况下可考虑做单。

本章综述

有计划不忙，有原则不乱；胸有成竹，以静制动。战场有战略，商场有商略，谋事有谋略，投资有策略。有圆无方则不立，有方无圆则碰壁，只有方圆结合，才能进退自如。

策略等于结论，不能坚守，但也不能随意改变策略，要适宜并不离本质。

通过上述中，从买进前策略到买入策略再到持仓策略，最后到卖出止盈策略，此过程中环环相扣，缺一不可。所以，投资者一定要明白“策略”的重要性。

第四章　建立原则手法

导读：

所谓的“原则”是指观察问题、处理问题的“准则”，也是一种约束行为上的“纪律”。例如，做到条理分明，牢记各种原理和原则，时刻自我提醒，以避免养成为所欲为的习性。凡事都要按规章制度办事，无方不成圆，无规不成矩，国有国法，家有家规，必须严格去遵守、去执行。所以，证券交易手法是建立在“交易原则、交易纪律”的基础之上。若想有健全的交易体系，就必须要先建立健全的、适合自己的交易原则。

一不看盘

（状态不佳不看盘）

请牢记：

行情好不如技术好

技术好不如心态好

心态好不如习惯好

习惯好不如状态好

意思是指：

再好的行情，没有技术水准也把握不住好行情；

再好的技术，没有良好的心态面对，也难以盈利；

再好的心态，没有恰当的操作手法，一些不良操作习惯也会影响成败；

再好的习惯，没有极佳的状态、充沛的精力、足够的时间、不受干扰的环境也难以操作顺利。

从心理学上来说，人的坏情绪就是我们的抑郁、焦虑、烦躁、恐惧等不良情绪。偶尔的坏情绪是非常正常的，因为我们的情绪是存在波动的，当我们受到了不良的刺激，就会产生坏情绪。特别是在现货白银投资过程中，如果情绪不好、状态不佳的时候，最好不要看盘，更不要交易。应该先控制情绪、调节状态之后再看盘。

二要撤退

（买进后横盘 震荡）

现货白银投资当中有一种风险是可预见的，这种可预见性的风险也可称为“不确定性”的风险。不确定性的因素越来越多，那么所存在的风险指数也就越来越多。

例如：当买进后不久，行情便进行“横盘”或“震荡”的格局，其未知的是：会横盘多久？会震荡多久或震荡幅度有多宽？而不确定的是：横盘之后是会向上突破还是向下突破？横盘之后会不会诱多诱空？震荡之后又会选择哪个方向突破？

因此，无论是空仓，还是持单中，只要行情出现“横盘”或“震荡”状况时，空仓者便继续观望为主，持单者应尽量保本或小亏止损撤退规避。待“横盘”或“震荡”

完毕后，行情有新的突破时，再作交易计划。

图 32

图形解释：

横盘之后是容易产生诱多或诱空的局势，有时候在横盘中极可能是等消息的发布，方向突破时即是消息发布时。无论是在下跌之后、还是上涨之后的横中前或横盘中买进的单都需注意，如图 32 的 5 分钟图中两个横盘末期都有诱空跌破前一个以上的低点后，再迅速收复后重新起涨。如果在横盘中撤退手中的单规避不确定性的风险后，在大阳起涨时再买进多单会安全得多，盈利的概率也大许多，并且还不用持单守候。

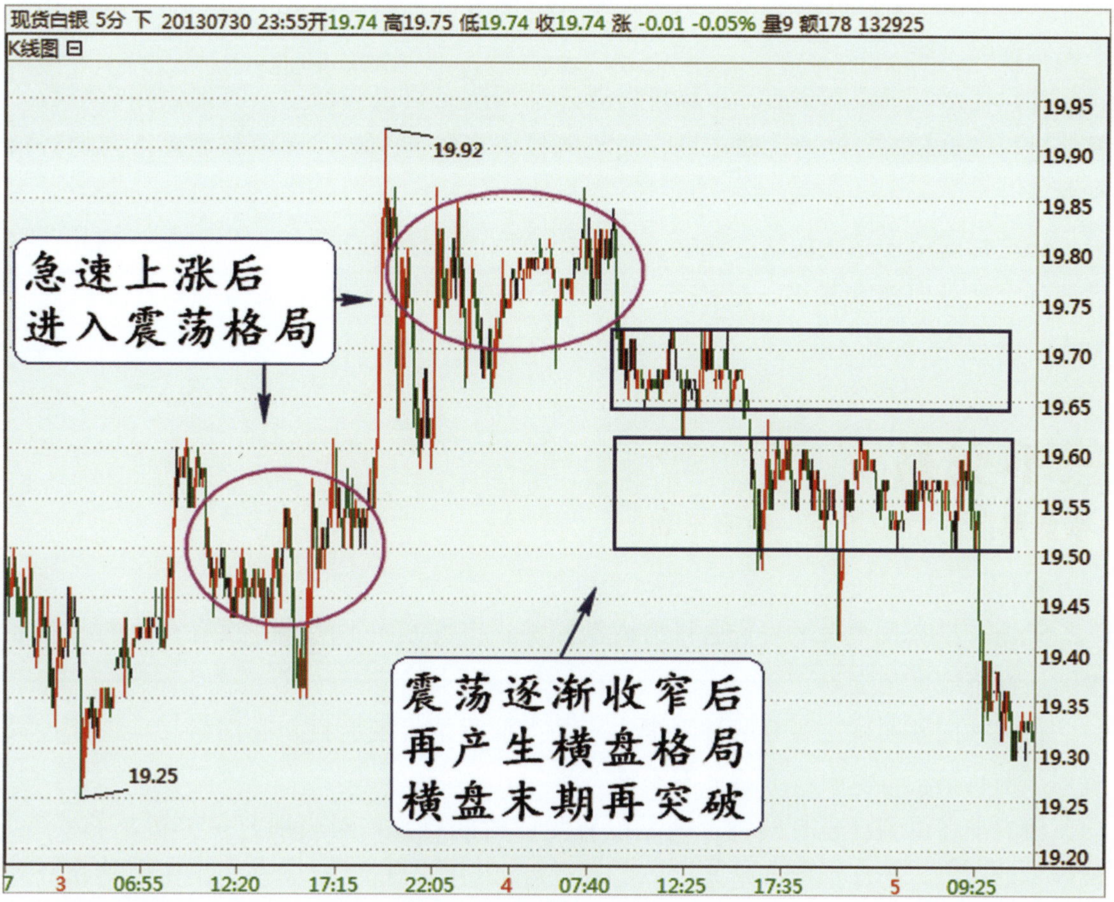

图 33

图形解释：

正常情况下，在急涨急跌一轮之后，行情都会进入震荡格局，其原因是：震荡中进行前一轮急速行情的修复，行情修复是指市场投资者“望而止步”，一方面对技术上的修复，二方面是对市场投资者思维上的重整。那么，随后是上涨还是下跌？那要看震荡中是如何修复的？如图 33 中第一个圆圈内在震荡末期重心上移，震荡轨迹中收出“V”字底，类似这种修复后一般会继续上涨；如果相反，在震荡末期重心下移，震荡轨迹中收出“倒 V”字顶，类似这种修复后一般会转势下跌；再看图中第二个圆圈，因前面上涨幅度越大，所以在急涨至高位后震荡时的幅度较大、震荡的时间也较长，而这种震荡极可能是多头在磨顶出货，随后应看空。

如果你有技术基础，懂得这些原理，那么便可以在一轮行情做完之后，在刚进入震荡格局时，可作出低买高卖的交易手法。如果到了震荡中期或末期阶段时，因震荡幅度会逐渐收窄，此时就不便再交易，假设手中有持单也尽量保本或小亏时撤退规避不确定性的风险。

往往在多空激烈震荡后，市场投资者逐渐清醒时再慢慢撤退，直到振幅收窄后一般会进行横盘状态，此时说明市场在交易的投资者极为少数，大多数在静待新的行情突破。

无论是震荡还是在横盘过程中，一定要注意前一个高点和低点的突破，例如：突破前一个高点时意在偏多，跌破前一个低点时意在偏空，如果持续突破其分析意义重大。

三不交易

（横盘震荡　方向不明　没有准备）

无论有没有技术水平，若遇行情横盘震荡、市场方向不明确、没有充分的心理准备时，都不应参与交易。

行情方向不明确主要有两种因素：一是当前行情呈现横盘、震荡格局；二是投资者对当前行情运行状况看不透、看不懂。

没有准备的情况也有两种：一是没有足够时间看盘，对当前行情分析不够明确、理解不够透彻，由此把握不是太大；二是对后市预期行情没有健全的操作策略和交易计划，或者是对后市行情运行的点位捉摸不定，由此不能轻举妄动。

特别是许多没有主见的投资者，在自己看不懂的情况下、在自己没时间去分析的情况下、在自己还没作出交易策划的情况下，但又很想去交易一笔，或者是当天还没有做一次单，心里有点难受，由此，就主动去问老师、问群主、问客服有没有点位可交易，甚至是看到群里有喊单提示，就立即去参与。这种方式笔者是建议少采取，钱是自己的，应自己多作主见，只有自己在充分的准备下去交易，风险和收益才会在自己的掌控之内。

四点看准

（趋势　节奏　点位　信号）

趋势：是交易中有大小方向，有趋势就顺势而为赚大钱，没趋势就短线快进快出赚小钱；看懂趋势就重点交易，看不懂趋势就少量交易或慎重交易；趋势可决定成败，趋势也可决定盈亏幅度；掌握趋势，把握未来。这一点必须要先看准！

节奏：行情运行是有规律性的，消息影响只是短暂的；从不同阶段位置中察觉节奏，分析预判接下来的运行动向；看懂运行节奏，才能买卖自如，得心应手；运行轨迹看的越细，心里就越有底，行情才会在掌握范围内。

点位：包括支撑和阻力点位、突破点位、买入点位、止盈点位、止损点位、警示点位、第1～3个目标点位等，点位看的越细越多，说明你的交易策略才会越健全。行情接下来的每一个波动，触及到的每一个点位，都会在你预计范围内，当每到一个点位，你应作出什么样的举动早已有准备。

信号：当万事俱备时，只等信号发出，便立即执行。信号可分为：变盘信号、起涨信号、转跌信号、突破信号、受撑信号、受阻信号、警示信号（行情正在向反方向转变或者前面看好的图形正在破坏时）等。

五个要点

（精力　静心　休息　总结　纠正）

精力：高杠杆、高风险、高收益，就应有高度状态。做单时不要带有心烦意乱、更不要疲惫不堪。一定要振作精神，精力充沛的情况下再做单交易。

静心：心静如水，人淡如菊。身居车马喧，心静自然凉。在准备做单时，无论环境有多吵闹，但“心”一定要静下来，不受外界干扰。不管别人怎么争论，但自己一定要保持平静，只有“心”平静下来，才能更理性面对。

休息：懂得休息的人，更容易成功。懂得望而止步的人，才是有智慧的人。休息可以调节状态，休息可以保养精神、蓄积力量，休息可以静心观察机会，休息可以等待下一次机会，休息可以总结经验，所以休息也等于是在赚钱。特别是看盘超过两小时以上，笔者建议离开电脑溜达一圈（至少10分钟左右）再回来看盘，或许会有不同的观点。

总结：错误是无知犯下的，经验是总结出来的；成功就是犯的错误多了，再不断地总结后产生。不会总结，不善总结，就会重复犯错，错误犯多了，人就麻木了，本金也就亏得不多了。一定要每一单、每一天、每一周、每一月……看盘时、休息时、吃饭时、睡觉时……时时刻刻都要用心去总结，每总结一次把好的留下把不好的抛弃，每总结一次就少犯一次错误，每总结一次都会有新的突破。成功没捷径，只有每天进步百分之一。

纠正：先有休息平静下来，才有总结的思索空间，然后才有纠正的机会。纠正需要行动、需要严格执行，若只总结不纠正，便成为纸上谈兵。问题不解决，就一直存在，更成为往后的障碍。知错即改，学有长进。如果遇到重大问题，不知破解，可向笔者或他人求助。

六字止损

（破位损　限额损）

破位损：是指价格突破某个重要位置时，行情极可能正式扭转趋势时而设定为止损位置。例如：持有多单，而价格持续跌破前 1～2 个低点时，便属于行情破位应止损；持有空单，而价格持续突破前 1～2 个高点时，便属于行情破位应止损。

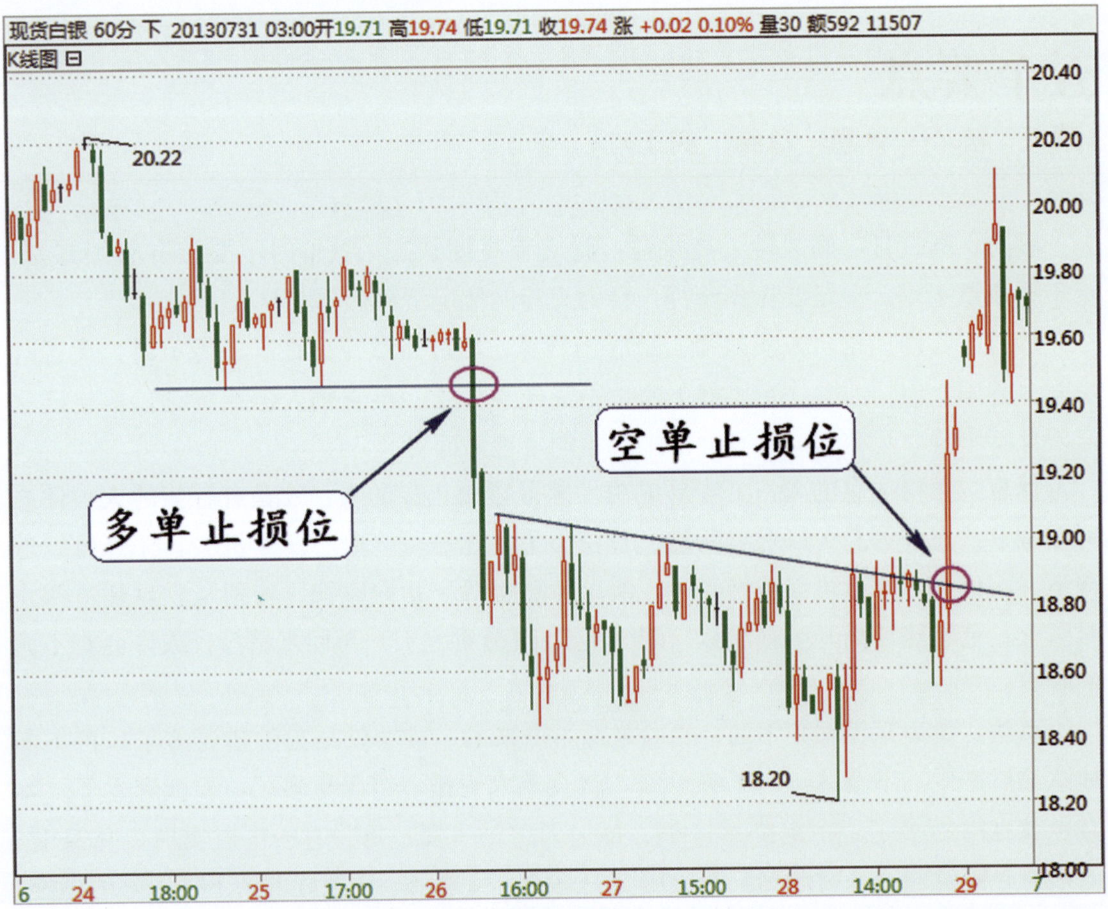

图 34

图形解释：

一般重要的位置是趋势上轨线或趋势下轨线。如长 K 线突破说明市场大多数投资者思维一致，一鼓作气向一个方向发力；如短 K 线突破说明市场大数投资者仍保持谨慎、犹豫，行情就有可能产生构顶或构底的现象。

越是重要位置越要重视，越是长 K 线突破就越要果断止损，不要有心存挠幸、幻想，一定要面对现实，即使随后行情又复原也没关系，待下一次机会再挽回损失，至少在此情况下具有风险意识，并能严格去执行交易原则，养成这样的习惯才不会犯大错。

当然，最好是提前如图 34 中的位置去设置好止损价，以免当行情突破时再去止损，会有一些晚或者来不及，甚至在行情急速时还不易成交。

如果是重仓，也可逐步分批止损减持。例如重仓持有多单，当价格跌破前一个低点时（但还没有跌到重要位置时），在这种风险警示信号情况下可以提早减持，降低风险性。相反如重仓持有空单也如此。

限额损：是指一种“强行损”，可分为 5 个类型：

1. 短线交易——正常的止损位是－0.2 美元以内；
2. 波段交易——正常的止损位是－0.5 美元以内；
3. 中线交易——正常的止损位是－1 美元以内；
4. 心理范围——是指投资者在平常交易中能接受的风险范围内，范围大小可根据资金多少或心里承受力大小而定；
5. 极限位置——是指投资者对风险承受力度的极限，简单地说“最多只能亏这么多就不能再亏了”。

上述两种止损原则，一定要严格遵守，不能犹豫，不能幻想，不能贪心，不能拖泥带水、更不能随意锁单。要狠得下心来，长痛不如短痛。

七字仓位

（按成功率定仓位）

在交易策略当中主要分两大部分：一是预期中的每一个点位应怎么去操作，二是在交易中仓位如何去分配。仓位控制恰当，可直接降低风险。

在股票培训课程中笔者建议学员：

1. 按技术条件分配仓位——例如起步仓为3成，看好的个股只有一个技术条件买入信号，那就以起步仓3成买入，同时有两个技术条件买入信号就加多1成即4成仓买入，同时有三个技术条件买入信号就再加多1成即5成仓买入，以此类推，选出的个股符合买入信号的条件越少仓位就越低，相反条件越多仓位就越高，因为符合买入条件少的个股盈利概率小（仓位就低），符合买入条件多的个股盈利概率大（仓位就高）。

2. 按大盘成交量分配仓位——大盘成交量在1000亿以下为弱市（5成仓以内），大盘成交量在1200～1500亿为活跃市（5～7成仓位），大盘成交量在2000亿左右为高度强市（仓位可偏重但要快进快出，因为在2000亿以上随时会见顶回落）。另外，大盘成交量在500亿左右为冷清市（3成仓以内），大盘成交量在300亿附近为地量市（如果一段时间内持续出现300多亿的地量可分批抄底）。

在现货白银培训课程中笔者建议学员：

1. 按风险评估分配仓位——风险评估可分为三种：一种是按趋势评估，例如大趋势向下，如果你操作逆市短线反弹多单时仓位一定要低；二种是按重要支撑和阻力位评估，例如你的买入点位与重要的支撑和阻力位相距0.2美元以上，或者你看好的预期盈利目标位小于支撑和阻力位，那说明风险大于盈利空间，应轻仓交易或慎重交易；三种是按行情所处阶段位置的方向是否明确？是上通道还是下通道？或是横盘和震荡区域？来进行风险评估，同时决定仓位分配。

2. 按成功概率分配仓位——例如你在平常交易10单当中，有5单盈利，说明你的成功率只有50%，那么你在下一次交易时最好1成仓位交易；如果在10单当中有7单盈利，成功率达70%（可2成仓位交易）；如果在10单当中有9单盈利，成功率达90%（可3～5成仓位交易）。这种手法目的是交易的仓位不超出成功概率之外，简单地说：如果你只能杠100斤的重量，然后给你150斤的重量，也许你也杠得起来，但能杠多久？对身体有没有影响？这种超负荷的事最好不要蛮干、不要透支。有多少能力就做多少事，不要超出能力之外，一旦超出将面临高风险。

前述的仓位是举例，投资者可根据各自不同的交易平台、不同的交易杠杆、不同的资金量等去分配仓位成数。总之，在交易过程中一定要给自己制定仓位原则，不能随心所欲盲目分配仓位。

八字流程

（一试　二稳　三求　四搏）

“一试二稳三求四搏”这八个字是每一位投资者入门之后必经的流程。

一试：是指新手在入门后，对新市场先尝试交易，对技术和技巧以及手法等去试手、测试、试找感觉、试找信心。苹果甜不甜，吃一口才知道；技术灵不灵，试了才知道。特别是在学习过程中，对每一个操作技巧都先要去测试，经过测试练习之后，才知道这种技巧实用性高不高，并且是否适合自己运用。直到试出感觉、试出经验、试出精髓，最终成为自己的技巧。

二稳：“稳”字当头，积极进取。若想在现货白银市场中生存更长一点，立足更久一点，就必须要稳步发展。留住青山在才能有柴烧，保住本金在才能有发展。笔者发现个别投资者在开户后交易不到一周就损失惨重，不到一个月就大伤元气，不到三个月就悲惨离场，等于给市场送钱。原因是在入门前后没有认真学习过，没有认真规划过，更没有理性建立操作计划和建立原则等。

三求：随着逐步适应市场，随着技术逐步提升，随着心态逐步成熟，随着经验逐步增加，慢慢地转向进取利润。但很多投资者却是把“利”放在首位，前提没有经过“试验”、没有建立“稳健”的手法，怎么能求得“利润”？

四搏：是指在已有盈利或者已有稳健盈利的基础上，去博取更大的利润。因为技术在于创新，成功在于探索，胆量在于突破，在自己经验相对成熟的情况下，偶尔也可以放胆去博取。因为，一贯太过于保守，太过于谨慎，太过于稳健，有时会错失大的盈利机会。不是随意博取，更不是当作赌博，而是在有技术水平、有盈利基础的情况下偶尔适当放胆进取。

本章综述

“原则”二字对每个人来说并不难理解，而重点在于个别人难以去建立原则、去遵守原则、去执行原则。特别是自我约束力不强的投资者、自我缺点太多的投资者、自我心态不稳定的投资者等等，一定要给自己相对应的需求去建立原则。这好比不同行业、不同单位等，需要规定不同的守职准则一样，投资者也如此，一定要根据自身情况去建立交易原则。

“原则”是在交易前后过程中时时刻刻都需要牢记的，如果记不住，不妨可以采用“视觉化”方法。将给自己建立的原则打印出来，贴在电脑旁边或显示器边角处（最显眼的地方），可以启到时刻警惕自己，如图32。

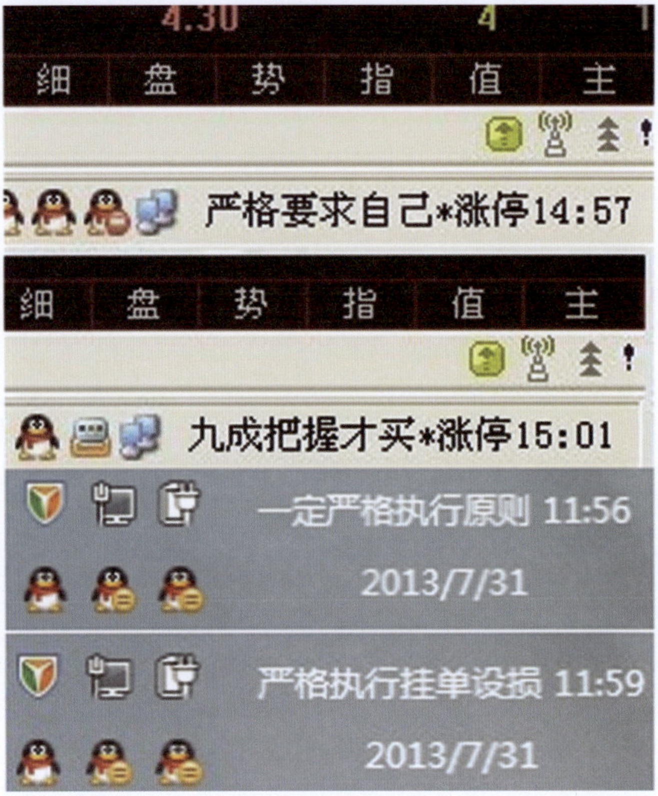

图 35

点电脑左下角：开始——设置——控制面板——区域和语言——选项（其他设置）——自定义——时间——时间格式改成 tt：mm：ss，之后在 AM \ PM 栏改成“严格执行挂单设损”仅8个字，再点应用和确定。设置之后，电脑右下角时刻显示着“严格执行挂单设损”警示自己的字样，也可以标写出自己所需的字样，特别是在某个原因下总是重复犯错可如此来提醒自己。

笔者曾跟一位学员通过QQ远程中发现，该学员的电脑桌面背景大约有50左右字，其内容是做精一张图的条件。笔者觉得这种视觉化很不错，大家也不妨将自己需要去遵守的字句、精华要点等，标写在电脑桌面背景图片上。

第五章　短线操作手法

导读：

短线是一种快进快出从不持隔夜单
短线是一种技术考验以及磨炼技术
短线是一种心理博弈以及心态考验
短线有一种技术规律可以寻找盘感
短线能顺应大趋势也能改变大趋势
短线交易时需要做好两手准备策略

第一节 短线要领

一、短线交易定位

许多兼职投资者由于时间短缺，交易时喜欢短线，另一部分激进型的投资者也比较偏向短线交易。这些都可统称为“短线交易风格”，他们有以下定位：

“稳健”投资者可选择在盘面比较平顺时、有规律可循时才进行短线交易。

“冒险”投资者可选择在行情震荡时、消息影响时进行短线交易。

“技术”高手可时刻寻找交易机会，只要够自己预期的操作空间都可把握。

“新手”投资者，最好是在单边行情时、短期趋势方向明确时才出手交易。

“周期”图形一般要常看 60 分钟分析短期趋向，再看 5 分钟图中寻找买入点位。

二、短线交易条件

1. 对 K 线蜡烛图的认识和理解为基础，对各种图形特征和组合而成的形态要有充分的见解。

2. 均线和指标也要精通，各个指标都有各自的原理和参考作用，关键要会综合运用，并且快速作出正确判断。

3. 对行情运行规律和节奏性以及阶段性判断要有一定的掌握，多增强盘感，常在自己掌握的范围内进行交易。

4. 一定要给自己整理一套短线交易条件、短线交易策略和短线交易手法。

5. 一定要精通几种图形和指标作为常用，不要见势就追或者见图就做。

三、短线交易原则

1. 行情波幅大于 0.2 美元以上才有交易空间；

2. 预期盈利目标 0.2～0.5 美元的范围才作交易计划；

3. 重要点位或关键点位（即止损点位离买入点位不超出－0.2 美元）；

4. 对行情接下来的走势至少要有 7 成以上的把握才出手交易；

5. 只做日内交易，从不持隔夜单；
6. 挂单立即设损，不要因小失大；
7. 仓位要轻，别想一口吃个大胖子；
8. 每交易一单需要休息片刻，不要频繁出手；
9. 如果连续失手两次，当天应暂停交易，进行总结反省和调节状态；
10. 经过一段时间短线交易后，如发现赔多赚少时，应加强学习巩固技术功底。

第二节 抓图手法

在短线交易中运用最多的技术是捕捉 K 线图形，例如多头图形成立或者空头图形成立时，一定要先知先觉地去把握。

K 线图形有许多种类型，例如：大组合图形和小组合图形、各种图形的有效期和预见性略有不同、各种图形的实用性也大有区别。作为个人普通投资者而言，不可能将所有图形全部学会，更不可能每一种图形出现时都去交易，而是要掌握几种最适合自己的、自己最容易理解或最熟悉的图形去交易，至于其他不熟练的、看不懂的、实用性不高的图形可以放弃不交易。

投资者可以通过阅读笔者写的《现货白银做精一张图》这本书，去挑选几种图形进行反复操练，直到做精成为自己的赚钱绝技，在学习过程中若有不解之处，也可向笔者 QQ396773457 咨询。

在此，笔者重提几种常见的、实用性较高的短线图解，供大家借鉴参考。

一、抓拐点图形

图形解释：

图中的拐点买入信号主要出现在：一轮急涨之后的高位回落时、一轮急跌之后的低位回升时、在震荡和横盘的末端变盘区域突破时。短线用于 5 分钟图在这三类阶段中的拐点大阳线和大阴线为买点信号，一般盈利空间均不会低于 0.2 美元。

如何界定拐点信号成立？所指的大阳线和大阴线是：比震荡和横盘区域中的任何一根 K 线都要长；在急涨和急跌之后，尖底时大阳包阴和尖顶时大阴包阳。

这一张图最适合新手投资者对技术不精通，没有买入信号的依据和技巧，便可以

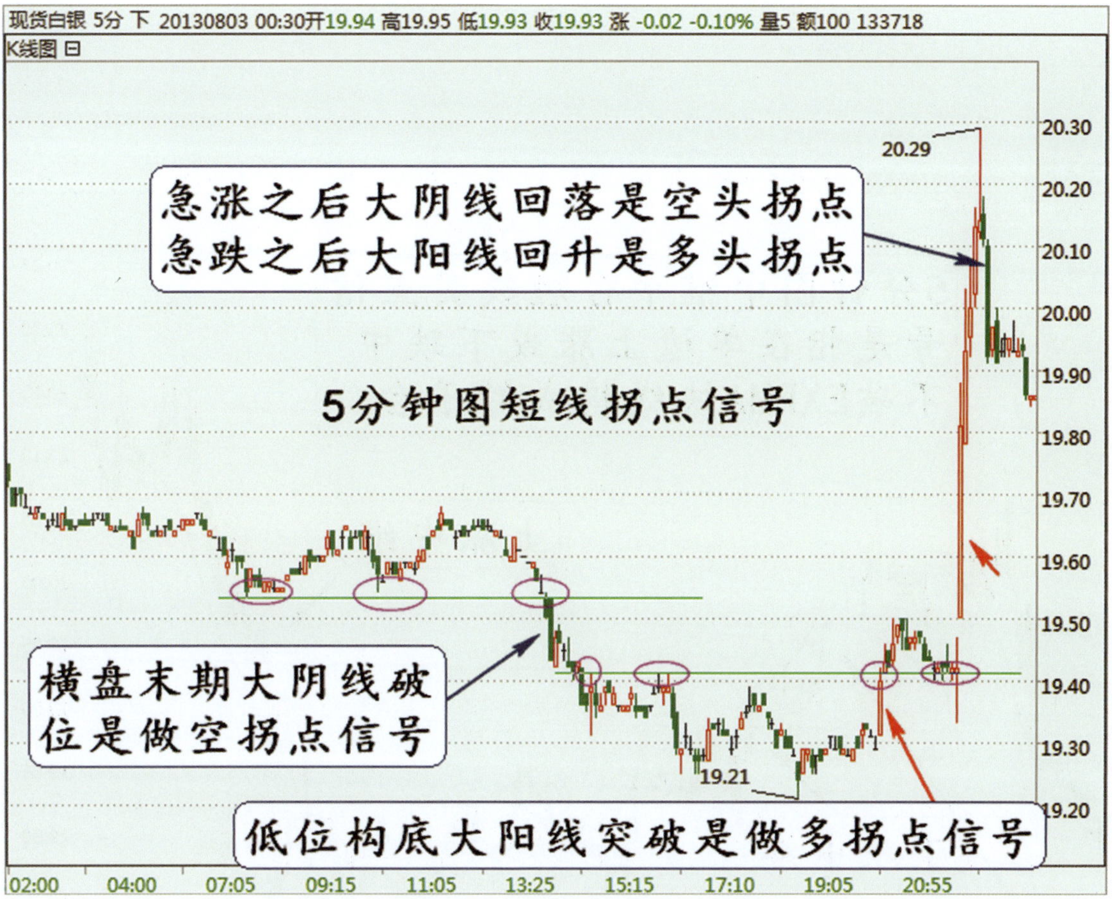

图 36

紧盯 5 分钟图以此为例，但不能贪心，多数情况下有 0.2 美元左右的盈利可见好就收。

其次，如果不方便看盘，但又怕错过行情，投资者可借助笔者的“股票/现货/期货/外汇价位报警短信通”软件，通过在预期设好突破价格点位，一旦到达你设置的价格时，软件会立即（一般 10 秒钟内）自动发短信通知到你手机上，随即回到电脑边看是否可交易。

二、抓中继图形

图 37

图形解释：

5 分钟图“中继平台”短线买点信号是指：在单边上涨或下跌中不破 EXPMA 快线构成 5～10 根 K 线的平台。在 EXPMA 死叉或金叉后第一次出现中继平台是最具爆发力的，因为阶段位置处在刚刚转跌时和刚刚起涨时，在这阶段随行情异动产生人气累积，所以行情顺势推动力较强。当过了这一阶段位置后，随着行情波动幅度拉长，短线投资者已逐步收利，所以在后阶段中若再有出现类似平台，还需谨慎。

空单买点信号在下跌中继平台末端重心向下移时，或在跌破平台前低点时；

多单买点信号在上涨中继平台末端重心向上移时，或在突破平台前高点时。

总而言之，这种短线手法主要是吃鱼身阶段（盈利最丰厚、安全系数也高），鱼头（起动浪）和鱼尾（消退浪）可以放弃交易。当然，也可以在 EXPMA 趋势线死叉或金叉时的大阴线和大阳线拐点信号作为初次买入，随即出现中继平台后可再次增仓，然后在行情伸展时便逐步分批（如倒金字塔手法）卖出锁利。

三、抓反压图形

图 38

图形解释：

前面讲到“拐点买入信号”，是行情启动时的第一个买点信号；接着讲到“中继平台买入信号”，是行情在伸展的中途的第二个买点信号；现在讲到的是“反支撑和反阻力买入信号”，是行情况在突破前高点后回踩时获得有效的支撑确认，和跌破前低点后回抽时受到有效的反阻确认，也是行情在伸展中的第三个买点信号。

由此可见，在一轮行情伸展时，至少会有三个不同阶段位置的买点信号。如果没有抓住其一，就不要错过其二和三；如果抓到其一，就随后两个信号时再次增仓。如此，在一轮行情中从头到尾至少有 80%盈利区间归你所属。只要认准点位、分配好仓位、恰当的手法，整体上可实现大赚小赔。

对短线投资者而言，请将前述三张连环图形和交易手法牢记在心，加强操练熟悉，日后就做精 5 分钟图形便可制胜。

四、抓顶底图形

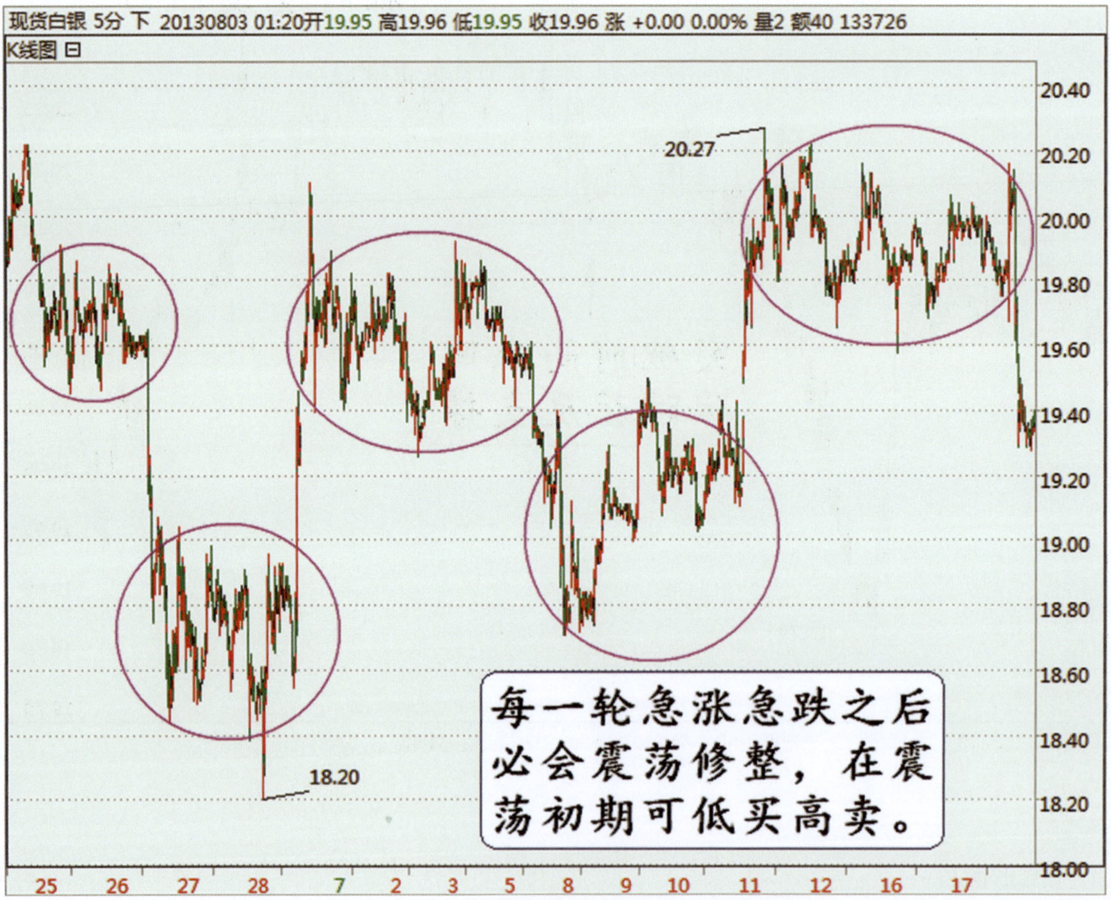

图 39

图形解释：

这张图形对于不方便实时看盘的短线投资者可以放弃震荡区域的交易，只有对随时方便看盘的短线投资者，为了不受到寂寞，那么可以在震荡初期箱体低点买多，箱体高点买空，最多来回交易 3 次，随后便可休息观望，静待新方向变盘信号出现。

这是一种行情波动的规律性，在急涨或急跌一轮之后，均会产生技术上的修整，也包括在消息短暂影响后，特别是在弱市行情中，受到短暂的消息刺激后，市场人气消退时，或者行情又回到原趋势中，这种现象在技术形态上移为行情“回吐”，如图 39 一样构成“下上下上下”区间震荡。

另一种规律性：通常是在前一轮下跌或前一轮上涨幅度的一半（0.5）以内震荡。例如，从 20 美元跌到 19 美元，随后产生技术性修整反弹，而反弹的最高点通常在 19.5 美元附近，那么如果你在 19 美元附近买入了多单，便可在 19.4 美元左右获利卖出，完成一单交易；随后在 19.5 美元左右明显尖顶（阴包阳）回落时，转手买入空单，当价格回落至 19.2 美元左右（比前低点高一点时）卖出空单止盈。如此后推，震荡中的高点会逐个下降，震荡中的低点逐个上移，震荡的幅度逐渐收窄，直到区间振幅小于 0.2 美元短线交易的基本条件时，便可放弃交易，然后等待新方向出现时产生的“拐点买入信号”再交易。

第三节　指标手法

任何指标都是随机移动，这是指标的基本性质。所以，我们在分析时，是先重视组合 K 线图形、再识别该组合图形处在的阶段位置和画出支撑与阻力线，最后才参考指标的流程。

不同的指标和不同的条件，都会反映出不同的依据性和实用性，如果指标与 K 线形态同时出现信号，这种技术预见性是最强的。以下笔者就重点讲解几种短线交易中的指标运用技巧。

一、5 分钟图 MACD 底背离

图 40

图形解释：

投资者对 MACD 指标并不陌生，任何一款行情软件都附有这种“强弱趋向性”指标，以 0 轴为分界线，之上为强势区域，之下为弱势区域。

5 分钟图 MACD 运用技巧主要是属于短线交易，其中最常见和最具预见性较强的条件是“顶底背离”条件信号。

例如，底背离条件有：

1. K 线在构底或横盘中 MACD 出现底背离；

2. MACD 出现一次两次背离很常见，若持续出现三次底背离后多头预期更加强烈，并且多头行情一触即发。

3. 如果在 MACD 三次底背离后与 K 线同时有起涨大阳线或上跳缺口的配合，此信号出现方可大胆参与短线多单交易，如图 40 中标记位置一样。

4. 如果在大趋势明显向下，那么在 5 分钟 MACD 底背离后可能反弹力度会有限或者技术失灵。

二、5 分钟图 MACD 顶背离

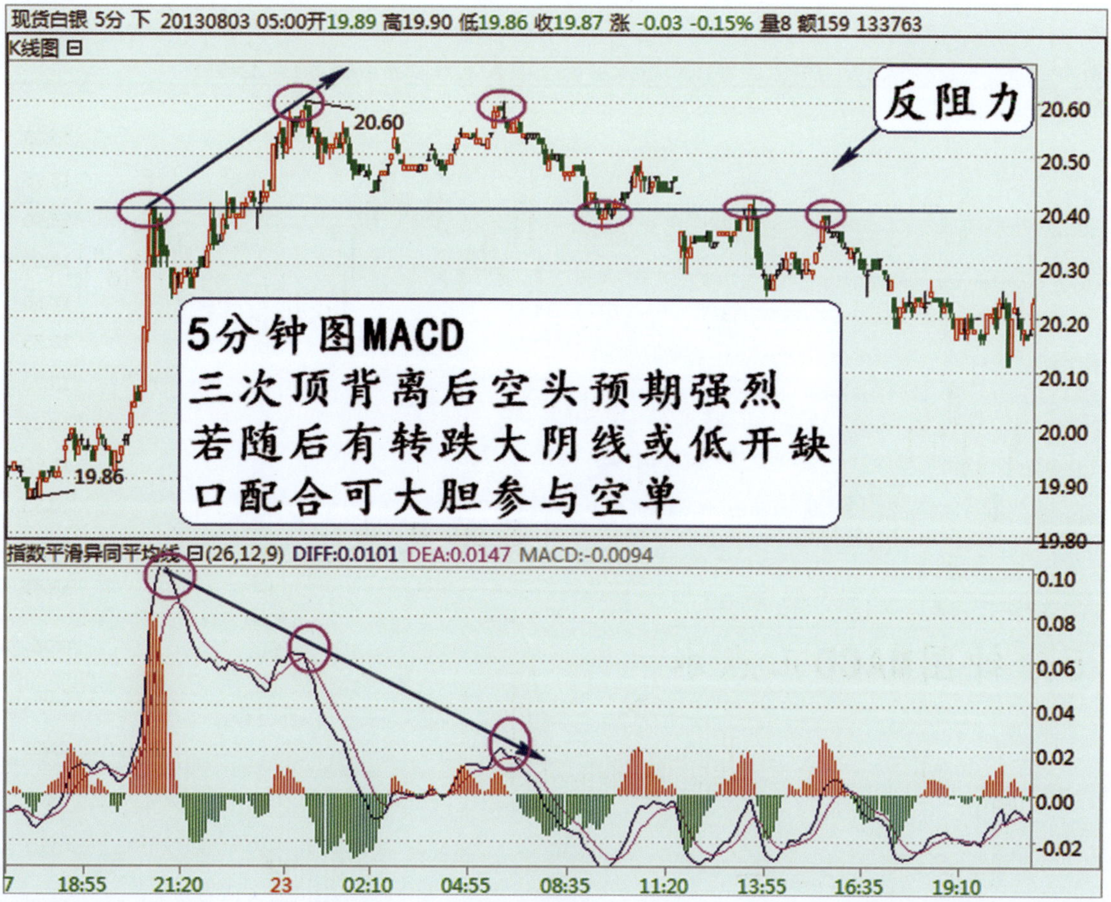

图 41

图形解释：

5 分钟 MACD 顶背离条件有：

1. K 线在构顶或横盘中 MACD 出现顶背离；

2. MACD 出现一次两次背离很常见，若持续出现三次顶背离后空头预期更加强烈，并且空头行情一触即发。

3. 如果在 MACD 三次顶背离后与 K 线同时有转跌大阴线或下跳缺口的配合，此信号出现方可大胆参与短线空单交易，如图 41 中标记位置一样。

4. 如果在大趋势明显向上，那么在 5 分钟 MACD 顶背离后可能回落力度会有限或者技术失灵。

三、5 分钟图 MACD 正点水

图 42

图形解释：

1. MACD 正点水是指向上，同 EXPMA 两条线正点水一样的含义。

2. 一般而言，MACD 在 0 轴之上正点水要比 0 轴之下正点水多头更强一些。

3. MACD 正点水的原由是 K 线图中有中大阳线起涨突破，如果前面低位有蓄势现象，那么在正点水后必会暴发一轮多头行情。

4. 如果离 0 轴之上较远位置出现正点水，交易时请勿盲目追多。

5. 如图 42，在低位三次构底中，MACD 微现底背离，直到 MACD 正点水时，行情即正式转强上攻，短线一轮冲高，MACD 又立即微现顶背离，此时便是前面多单的止盈信号。

四、5 分钟图 MACD 反点水

图 43

图形解释：

1. MACD 反点水是指向下，同 EXPMA 两条线反点水一样的含义。

2. 一般而言，MACD 在 0 轴之下反点水要比 0 轴之上反点水空头更强一些。

3. MACD 反点水的原由是 K 线图中有中大阴线转跌突破，如果前面高位有蓄势现象，那么在反点水后必会暴发一轮空头行情。

4. 如果离 0 轴之下较远位置出现在反点水，交易时请勿盲目追空。

5. 如图 43 中，在前面冲高回落后，三次反弹乏力，随即跌破前两个低点时，行情便正式转跌，下跌后再次反弹受反阻力，所以后面继续探低，如果后面 MACD 再出现底背离时，将是前面空单的止盈信号。

五、5 分钟图 SUPL 底背离

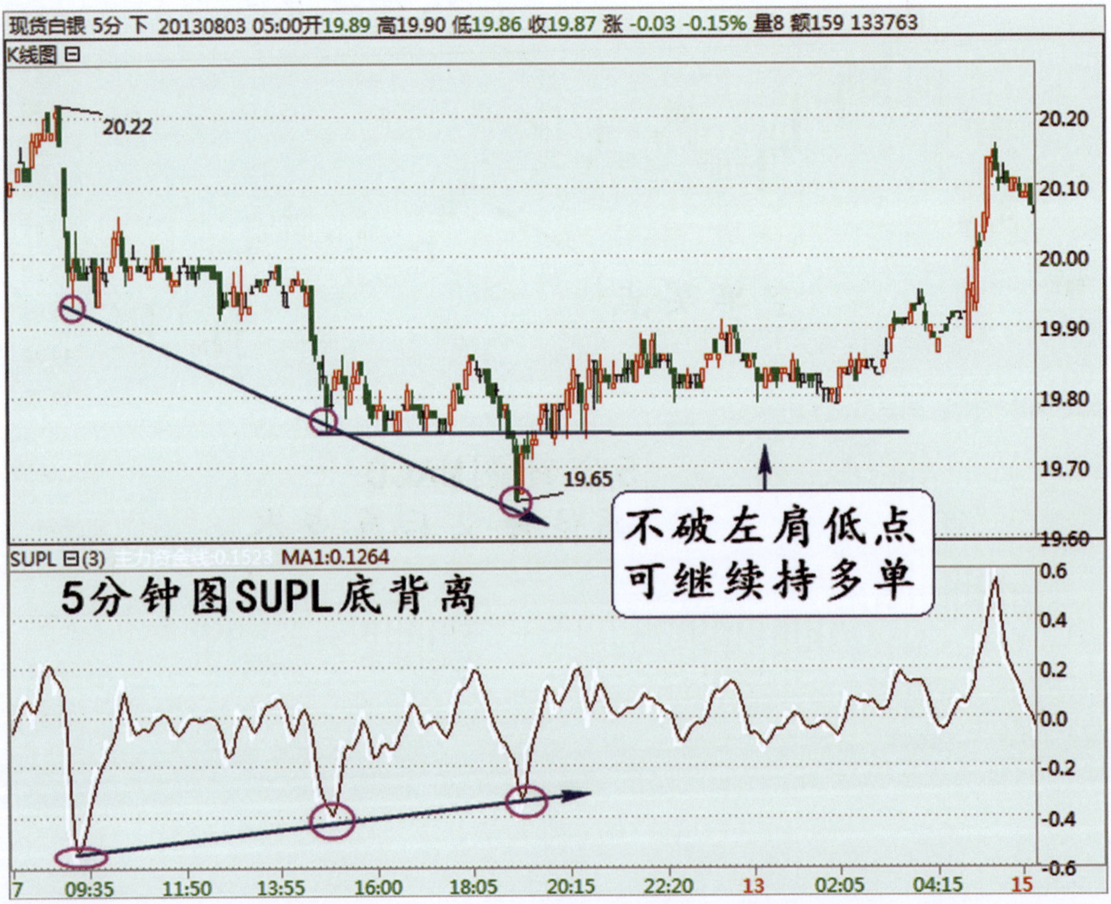

图 44

图形解释：

1. SUPL 指标底背离时要比 MACD 指标超前一些，其预见性更强，《现货白银投资指南》一书中有该指标的公式和使用说明，在此略过。

2. 技术条件同前述的 MACD 底背离基本一致。

3. 一般是在持续三次底背离后，再结合 K 线图中的反转信号买入多单。

4. 短线通常用在 5 分钟图，如果用在 1 分钟图可交易的空间将不足。

六、5 分钟图 SUPL 顶背离

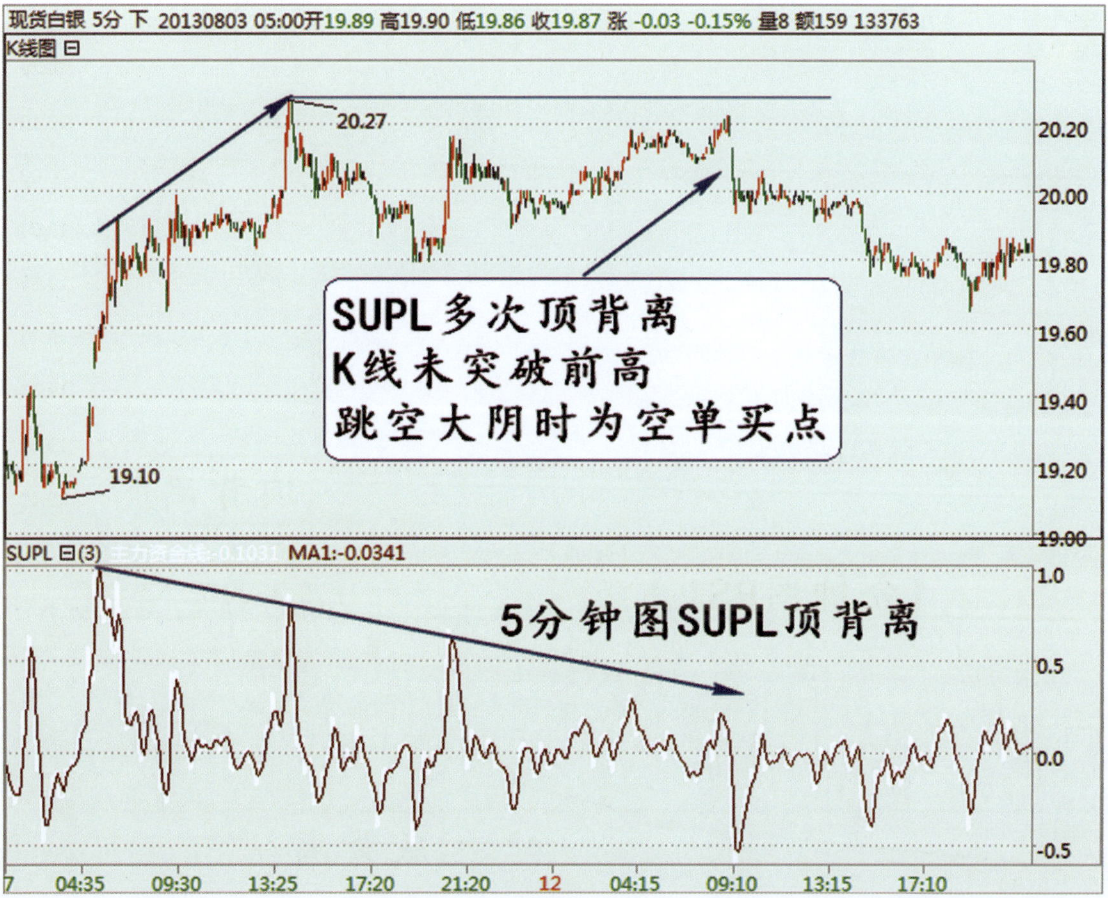

图 45

图形解释：

1. SUPL 指标顶背离时要比 MACD 指标超前一些，其预见性更强，《现货白银投资指南》书中有该指标的公式和使用说明，在此略过。

2. 技术条件同前述的 MACD 顶背离基本一致。

3. 一般是在持续三次顶背离后，再结合 K 线图中的反转信号买入空单。

4. 短线通常用在 5 分钟图，如果用在 1 分钟图可交易的空间将不足。

七、1 分钟图 RSI 多空信号

图 46

图形解释：

1. RSI是一种普遍新手投资者最常用的指标，20以下为超卖区域，80之上为超买区域，50为多空中轴分界位置。一般常用于在1～5分钟图，该指标的随机移动性快，所以实用性为一般。

2. RSI多单买点信号在持续三次在20以下底背离时。

3. RSI空单买点信号在持续三次在80以上顶背离时。

4. 多单的买点位就是前面空单的止盈信号，空单的买点就是前面多单的止盈信号。

本章综述

往往最简单的也就是最实用的，能把实用性较强的图形、指标、手法等做精，必会功到自然成。虽然短线技术在重大消息发布时可能会失灵，但在消息发布前技术已有反应消息的预期。消息是短暂的、突然的影响，平常交易中更多的交易依据仍是技术分析判断为主。

第六章　波段交易手法

导读：

现货白银跟股票一样，“波段”交易中盈利才是最丰厚的。因为，短线交易一般区间定位较小，时间短，交易次数频繁将增加不少交易成本（如手续费等）；中线交易一般区间定位较大，时间较长，难避免不确定性的风险发生；而波段交易的区间定位适中，时间可长可短，交易次数不会频繁，使投资者保持清醒头脑。如果能将短线和波段相结合、相辅相助，成功概率将大大提升，例如偶尔将短线变波段、将波段变短线的策略和手法。

第一节　波段要领

一、波段交易定位

波段交易主要适用于三类人：

1. 成熟的个人投资者——“成熟”是指对市场认识较深、技术理解透彻、经验累积丰富、心态比较稳定等，善于追求更大的盈利空间和机会。

2. 机构操盘手——由于账户较多，资金较大，若频繁短线交易在时间和进出方面均有不便，所以大多数会选择波段交易。因操盘手都有较强的预见性眼光，往往会在波段前进行潜伏，分批下单交易。

3. 看盘时间不多的人——例如兼职投资者，一边工作一边交易现货白银，为了不影响工作，一般会放弃短线交易的机会，只注重每一波段的行情机会。在平时工作中只会时而看一下盘面，等待 60 分钟图变盘的信号。

二、波段交易条件

1. 对 K 线蜡烛图的认识和理解为基础，特别是对各种大图形特征和大组合形态要有充分的认识。例如较明显的顶底部图形特征，其次是蓄势已久之后的变盘信号。

2. 均线和指标的随机移动性强，因此对波段交易者的作用不太大。

3. 对行情运行规律和节奏性以及阶段性判断要有一定的掌握，多增强盘感，常在自己掌握的范围内进行交易。

4. 一定要给自己整理一套波段交易条件、波段交易策略和波段交易手法。

5. 一定要先对行情的现状和趋势进行全面分析，再画出几个重要的点位，然后等待信号和买点出现。

三、短线交易原则

1. 行情波幅大于 0.5 美元以上才有交易空间；

2. 预期盈利目标 0.5～1 美元的范围才作交易计划；

3. 止损点位在－0.3～－0.5 美元之间，买入点位和止损点位的距离不能超出该范围；

4. 对接下来的行情走势至少要有 8 成以上的把握才出手交易；

5. 只做 3 日内的行情，从不持单过周末或节假休市日；

6. 挂单立即设损，不要因小失大，如果有诱多诱空被扫损也没关系；

7. 仓位要由轻到重，分批下单，例如少量潜伏，信号明确时再增仓；

8. 一半的时间休息观望等待机会，不要频繁出手；

9. 如果失手一次，可立即寻求短线机会，尽量挽回损失；

10. 如果连续失手两次，应暂停交易，进行总结反省和调节状态。

第二节　抓图手法

“短线”交易是抓小周期图中的各种图形，而“波段”交易是在中周期图如 60 分钟图抓大图形（构造时间偏长的图形）。例如笔者列出以下几种重要图形和波段交易技巧，简单地说，当出现这些图形之后都能产生 0.5 美元以上的行情。

一、60 分钟图抓拐点信号

图形解释：

60 分钟图中的拐点信号同前面讲到的 5 分钟图拐点信号同一个含义。但是，5 分钟图中出现此信号较多一点，而 60 分钟图中出现此信号较少一些，这就是不同周期 K 线图的区别。

在波段交易中我们为了争取 0.5 美元以上的盈利空间，对技术分析和技术条件都要求比较严格的。例如 60 分钟图中的拐点大阴线或大阳线，都是一个转势的信号特征，但是在转势后行情能持续多久？这才是波段交易的技术关键。

如图 47 中的标写的四大条件，总述归纳为在拐点信号出现之前，一定要蓄势较充分，一触即发的态势，蓄势越充分，行情暴发力度就越强，盈利空间越大，交易时进出的时间和空间也较充足。

总之，若要做好波段交易，这张图是必选之一，也必须去深入研究。一旦条件信号成立，行情的波动均会在 0.5～1 美元左右，除掉两头（最低点和最高点），其中间段也足有 0.5 美元左右的盈利可完全把握住。

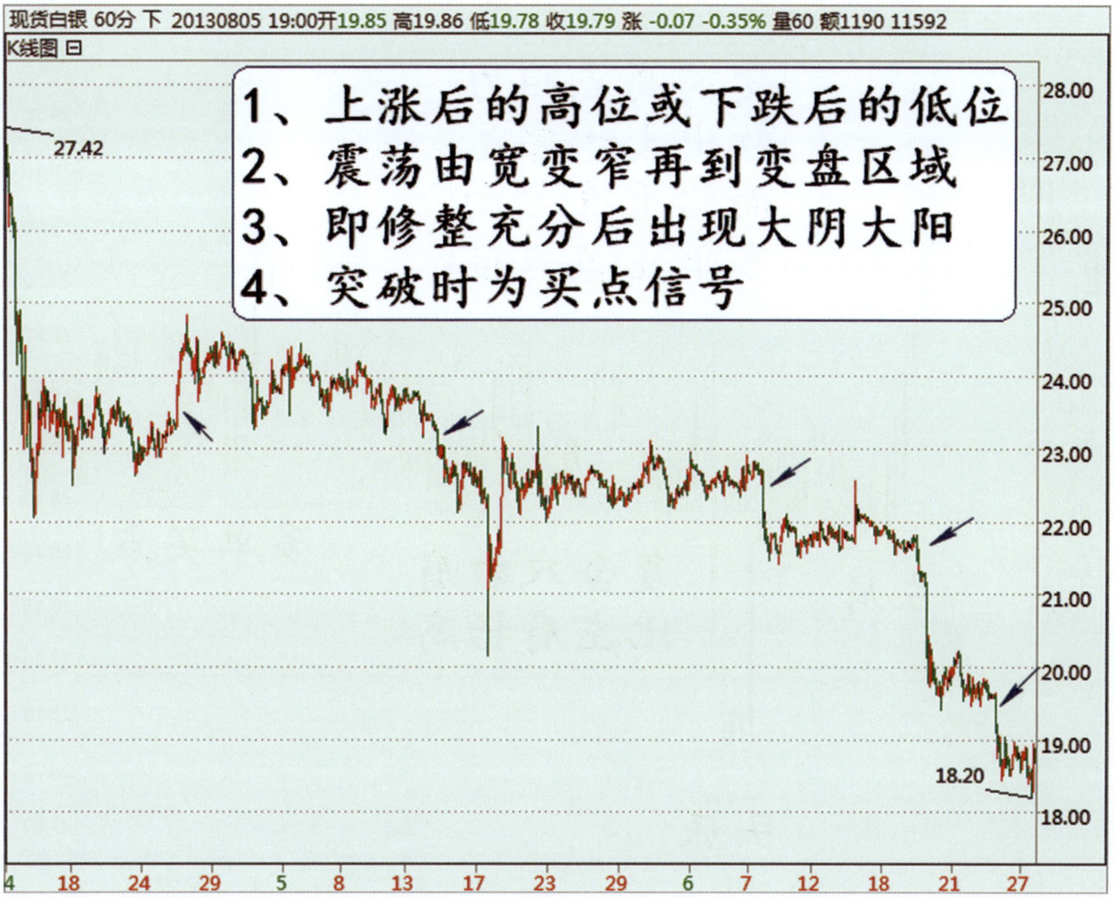

图 47

二、60 分钟图头肩底信号

图形解释：

“头肩底”图形的构造时间较长，组合图形也较大，属于大组合图形，一旦形成标准图形后，均可以影响随后一轮波段行情。标准条件如下：

1. 头底跌幅要深，至少有 0.5 美元以上，才能构出大型的头肩底，若图形太小，所反映的市场状态就不强。

2. 探底后右侧要迅速伴有大阳线回升收大 V 字形，才能说明市场多头强烈。

3. 右肩低点一定要比左肩低点要高，如果有两三个复合右肩出现，且低点逐个抬高，说明多头在蓄势中，经过再三确认多头信号也逐渐明朗。

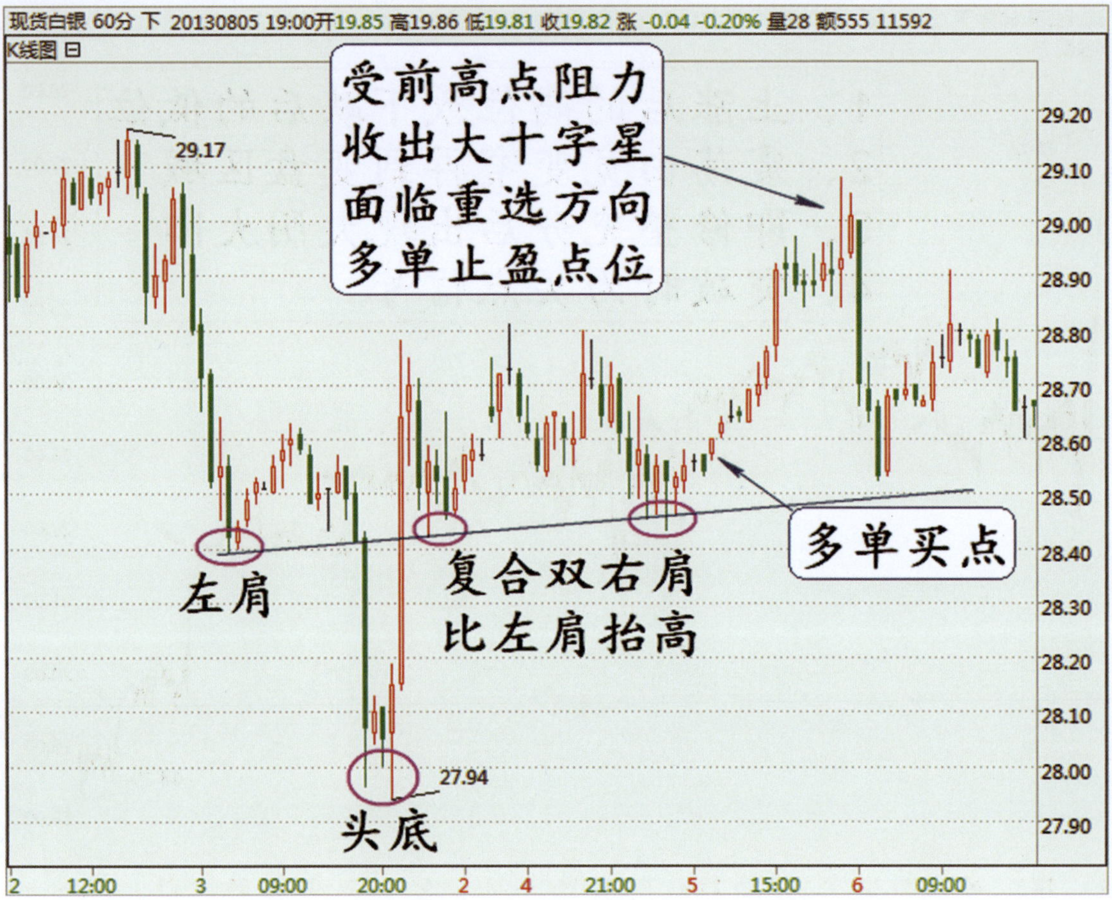

图 48

4. 右肩获支撑后立即出现中大阳起涨信号时为多单买点信号。

5. 一般情况下，只要买点把握及时，不贪心，0.5 美元的盈利概率是相当大的。

三、60 分钟图头肩顶信号

图形解释：

“头肩顶”图形的构造时间较长，组合图形也较大，属于大组合图形，一旦形成标准图形后，均可以影响随后一轮波段行情。标准条件如下：

1. 头顶涨幅要高，至少有 0.5 美元以上，因为冲的越高，回落也就越深。

2. 探顶后右侧要迅速伴有大阴线回落收大倒 V 字形（尖顶），才能说明市场空头强烈。

图 49

3. 右肩高点一定要比左肩高点低，如果有两三个复合右肩出现，且高点逐个下降，说明空头在蓄势中，经过再三确认空头信号也逐渐明朗。

4. 右肩受阻力后立即出现中大阴转跌信号时为空单买点信号。

5. 一般情况下，只要买点把握及时，不贪心，0.5 美元的盈利概率是相当大的。

四、60 分钟图抓波浪起点

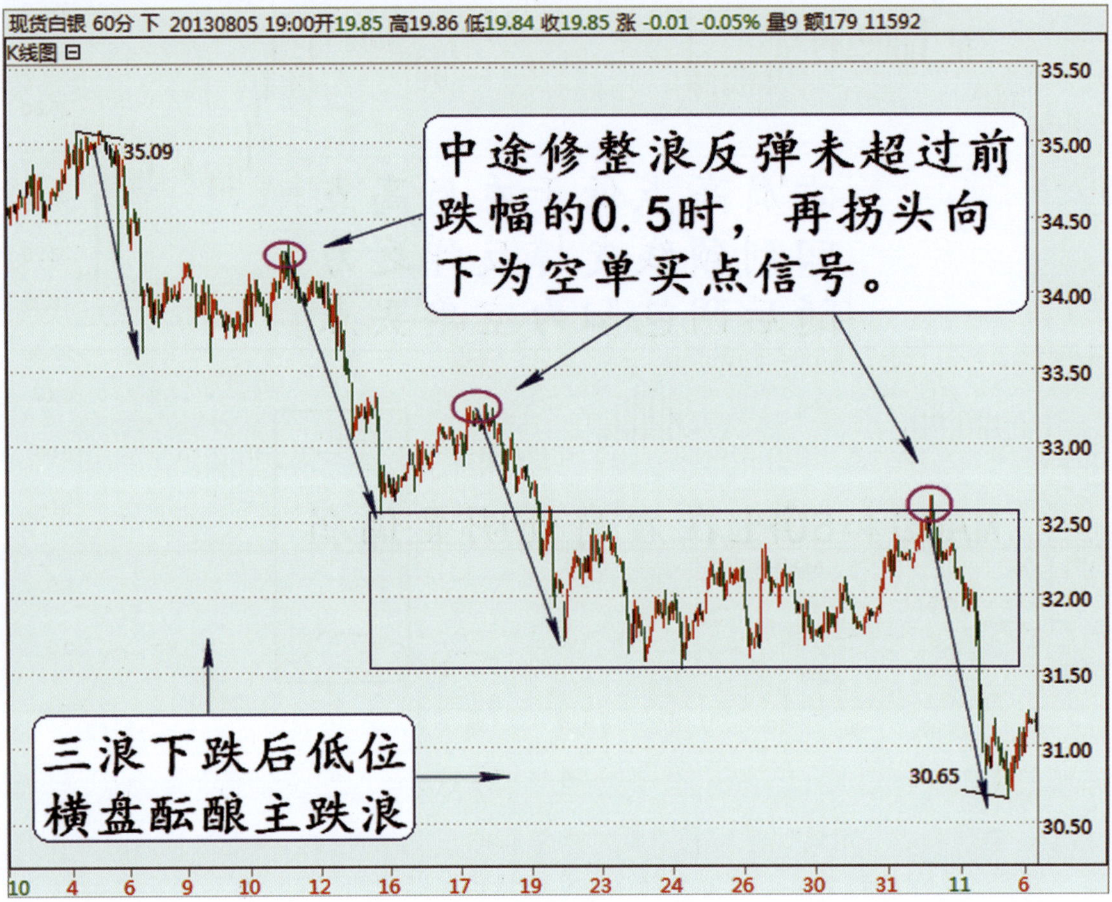

图 50

图形解释：

数小浪不如数大浪，例如 60 分钟图中构成波浪理论中的三浪下行和三浪上行或附带主跌浪和主升浪。小浪仅几根 K 线构成一浪，幅度和时间都不便下单交易，更不符合波段交易的基本要求。只有大浪是由数十根 K 线构成，其幅度大，浪形明显，交易时间充足，盈利空间丰厚。主要条件有：

1. 看第一浪的幅度有多大，一浪幅度大说明转势信号强烈，随着二浪和三浪也才会有相对的幅度空间；即使一浪比一浪短，也有足够的短线交易空间；如果一浪比一浪长，那就最好不过了；是否会逐浪收短或延长？从第二浪走出来之后便可揭晓，随后第三浪就更易把握了。

2. 一般三浪上行或三浪下行，只要有三浪形态特征的，说明市场在短期内都会向这三浪的方向运行，简单地说三浪是一个市场短期或中期的转势信号。所以，在这期间就尽量少做或不做逆市单。只要中途修整浪未超过前一轮幅度的 0.5 时，然后在拐头的买点信号买进空单。例如图 50 中一样，在每一次反弹时的高点都没有超过前一轮跌幅的一半之上，说明由空翻多的信号没有出现，仍偏向于空头趋势；此条件下，当 K 线图形出现阴包阳回头之势时，就是空单买点位置。

3. 有没有主升浪或主跌浪，主要看在三浪后是否有横盘酝酿之势？如图 50 在三浪之后的低位横盘，横盘中的高点受到第二浪的低点反阻力，随即拐头向下，收出小头肩顶图形，主跌浪由此展开。通常而言，主升浪和主跌浪的速度较急，幅度较大。

五、60 分钟图抓三顶反撑

图 51

图形解释：

出现三次顶之后，将面临方向性的选择，如果在第三次探顶之后没有突破新高，或回落至中轴没有支撑现象，那么必会引起一轮大跌。波段交易的标准条件如下：

1. 三次探顶前面的低点最好是逐个抬高，在第三次顶或之后价格有新高出现，如此可体现多头的力量。

2. 最佳的买点位置是信号明确时，也就是在三次顶之后的新高回踩至中轴获支撑时。

3. 在中轴上方获反支撑后，再伴随中大阳线起涨时正是多单买点信号，一般上涨幅度均会有 1 美元左右。

4. 而止损位置仍在中轴线为准，如果图形破坏跌穿中轴时便立即止损。

六、60 分钟图抓三底反压

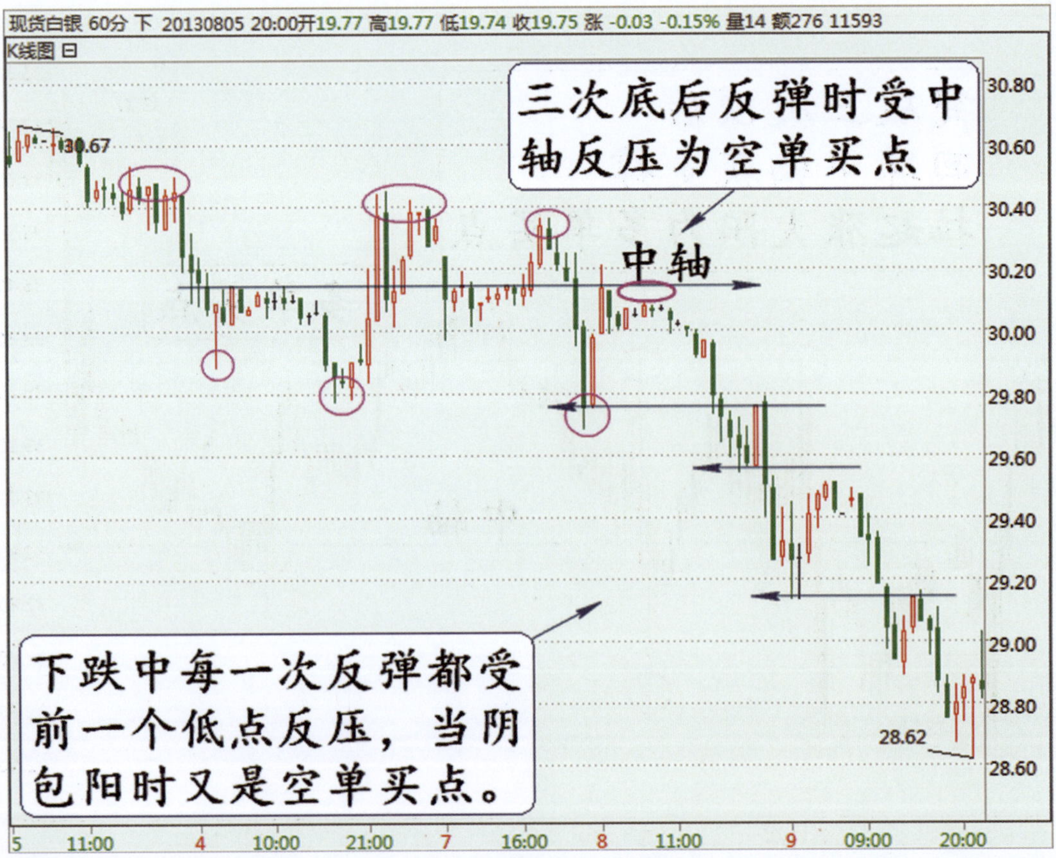

图 52

图形解释：

出现三次底之后，将面临方向性的选择，如果在第三次探底之后没有突破新低，或回升至中轴没有阻力现象，那么必会引起一轮大涨。作为波段交易的标准条件如下：

1. 三次探底前的高点最好是逐个下降，而三次底的低点也最好是如图 52 逐个下移，如此可体现空头的力量。

2. 最佳的买点位置是信号明确时，也就是在三次底之后反弹至中轴受反阻力时。

3. 在中轴下方受反阻力后，再伴随中大阴线转跌时正是空单买点信号，一般下跌幅度均会有 1 美元左右。

4. 而止损位置仍在中轴线为准，如果图形破坏价格上穿中轴时便立即止损。

5. 图 52 中在后面下跌中每一次反弹都受前一个低点反压，当阴包阳时又是空单买点或增仓。

本章综述

短线交易和波段交易一般取向于 K 线技术为依据的较多，所以投资者一定要打好技术基础。技术可复杂化，也可简单化，无论怎么样一定精要化，一定要有自己的主攻手法，其他的为次之。如果你是专业的投资者，建议日常多采取短线辅波段交易的手法，短线练习盘感，波段盈取大利润。

第七章　中线操作手法

导读：

“中线”周期是指1个月左右，是技术面和基本面相结合分析得出的交易计划。技术方面可从240分钟、日线、周线和月线上分析判断；基本面可从美国重要经济数据分析，以及重大消息发布前的预期和发布后的影响着手分析判断。

第一节　中线要领

一、中线交易定位

中线交易主要适用于三类人：

1. 大户投资者——投资市值 100 万元以上，由于资金较大，能承担大风险，也能赚取大利润；不怕被套，也不怕被爆仓，只要仓位和资金分配恰当。很简单，短线交易需承担 0.2 美元的风险，可赚取 0.2～0.5 美元的盈利空间；波段交易需承担 0.3～0.5 美元的风险，可赚取 0.5～1 美元的盈利空间；而中线交易需承担 1～2 美元的风险，但可赚取 2～5 美元的盈利空间。所以，资金少，承受不了大风险，也难赚取到大利润。

2. 机构和基金公司——资金较大，若频繁短线交易在时间和进出方面均有不便，所以机构和基金公司会选择中线交易。因他们有专业的分析团队和数据，有预见性的眼光，有健全的交易策略，有完善的资金和风险管理模式。

3. 耐得住寂寞的人——无论投入资金多少，但后备资金是可随时调配的。这类投资者必会有大气魄、大作为的心理，不拘小节、不图小利，顺大势赚大钱。

二、中线交易条件

1. 对 K 线形态的认识和理解是中线交易的基础，特别是对各种大图形特征和大组合形态以及浪形图要有充分的理解。例如上下通道中的顺势浪形和中大周期图中的形态精准分析。

2. 均线和指标的随机移动性强，因此对中线交易者的作用不太大，而重在趋势。

3. 对行情运行规律和节奏性以及阶段性判断要有一定的把握，甚至对市场投资心理偏向和宏观局势要有一定的认识。

4. 一定要给自己整理出一套中线交易条件、中线交易策略和中线交易手法。

5. 一定要先对国际市场进行全面分析，再分析中大周期技术图形，然后画出几个重要的区域点位。

三、中线交易原则

1. 行情波幅大于 2 美元以上才有交易空间；

2. 预期盈利目标在 2～5 美元的范围才做交易计划；

3. 止损点位在－1～－2 美元之间，买入点位和止损点位的距离不能超出该范围；

4. 对行情接下来的走势至少要有 9 成的把握才出手交易；

5. 只要大趋势没有转变，就可一直保留底仓，中途可分次增减持仓位；

6. 在节假日前的最后一个交易日收盘之前和重大消息发布之前，一定要设好止损位，避免酿成重大损失；

7. 仓位要灵活调配，例如，单边行情时可重仓，修整阶段可轻仓（仅保留少量底仓）；

8. 多半时间在观察趋势，少半时候在交易，只看 240 分钟以上的图形；

9. 如果失手一次，可立即寻求短线或波段机会，尽量挽回损失；

10. 如果连续失手两次，应暂停交易，进行总结反省和调节状态。

第二节　抓图手法

股票市场在一年当中可操作上涨盈利的时间只是三分之一，其余多半时间是下跌或整理。但对于现货白银市场而言，由于可以做多和做空盈利的机制，所以就比股票市场多了一倍的交易机会，只有三分之一的时间是横盘震荡不可交易的。

也就是说，现货白银中线交易比短线交易要简单得多。短线一天也就两三轮行情，比较容易把握，而中线几乎每一个月会有一轮单边行情，甚至一年 3～5 轮较大的单边行情。就此而言，只要能把握准一轮趋势，每一轮盈利 3～5 美元，一年只做两三轮行情，其盈利都是非常可观的。下面笔者介绍几种中线交易的要点：

一、240 分钟图抓买点

图 53

图形解释：

“短线”以 60 分钟图分析趋势，5 分钟图抓买点信号，1～5 分钟图为持单依据。

“波段”以 240 分钟图分析趋势，60 分钟图抓买点信号，5 分钟图为持单依据。

“中线”以周、月线图分析趋势，240 分钟图抓买点信号，60 分钟图为持单依据。

一样的分析趋势方法，一样的买点信号，一样的持单技巧，只是用在不同的周期图中。这三种操作手法在本书前面和《现货白银做精一张图》一书中已做详尽的图解说明，在此略过。

二、日 K 线图抓浪形

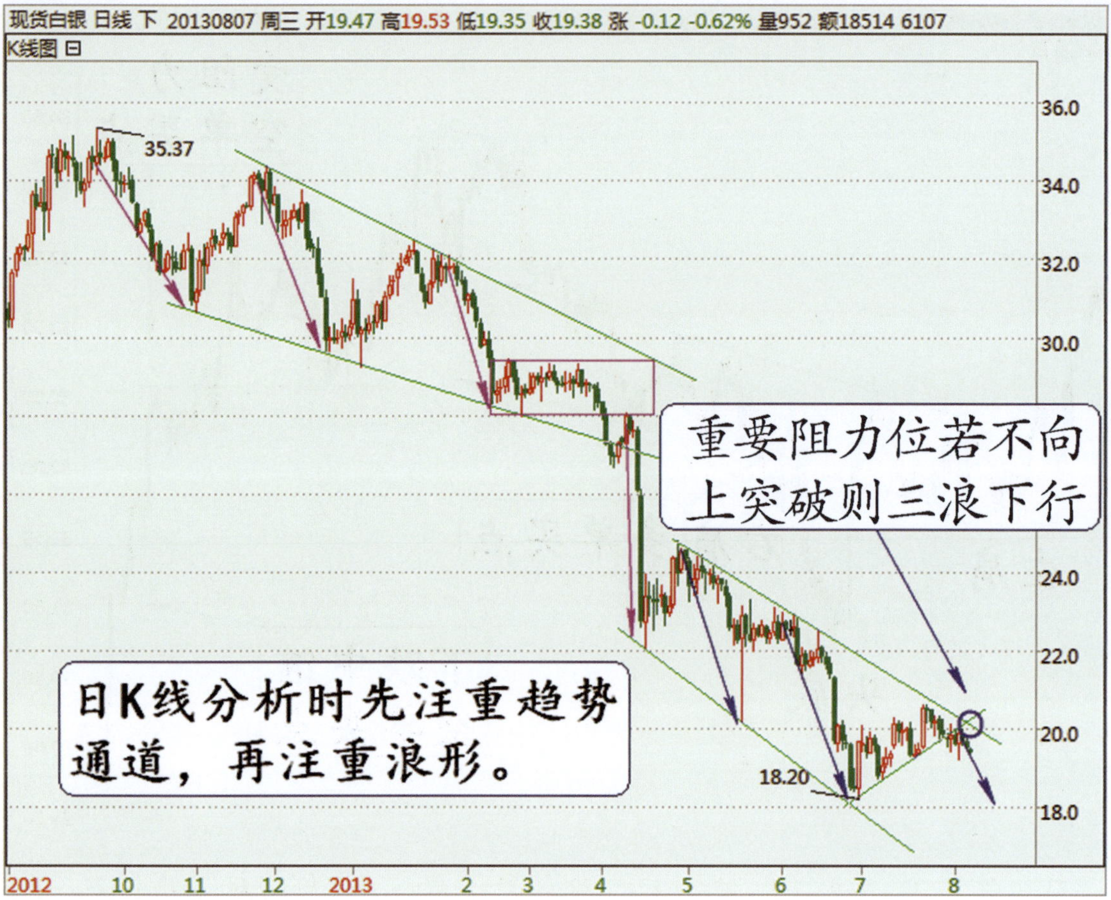

图 54

图形解释：

在技术分析当中，通道趋势比浪形更重要，浪形比 K 线组合图形更重要，变盘信号比 K 线组合图形更重要。凡事都有先后顺序，有起因才有结果。

所以，在中线交易时，首先注重的是日线级别的通道是偏向哪个趋势？是向上还是向下或是横向？然后再从通道中去分析浪形。

分析浪形还要注意，先把 K 线图缩小，从直觉中分析大浪形，然后再把 K 线图放大分段分析小浪形，最终将前后相结合分析，看是否有规律可循？

经过一番详细分析之后，再画出线条和圈点（重要位置），就能明白当前处在什么阶段位置中，接下来应做什么样的操作策略。

图 54 中前半部分是三浪加主跌浪，三浪下行的幅度基本一致，三浪之后低位横盘蓄势主跌浪，主跌浪下跌较急较深，这都符合波浪理论中的标准。在图中后半部分，因前面主跌趋势已过，后面为盘跌中带修复市场的气氛，但已出现二浪下跌，即将面临第三浪的到来，特别是向上突破不了圆圈处，概率就更大了。

三、周 K 线图抓区间

图 55

图形解释：

“区间”是指预期计划交易的空间。前面日线做了通道和浪形的分析后，再看周线，因为周线可以看的更明朗。如图 55，可以看出 2004 年后的每一个支撑和阻力位，并且还有一定的规律性。

前面历史的高点，都成为后面的支撑点。图中后部分在图 20 就已解析过，值得一提的是，在跌破 26 美元前几个低点之后，就应立即想到下一个支撑应该在 2008 年看到的高点（图中由下往上第三根横线处），从 26～21 美元这 5 美元的区间，就是你要预期操作的空间。再往后看，将来必然会在 15～21 美元之间构底部，也是前一轮大涨前的颈线处，这 6 美元又是另一个新区间。

继续往后市分析，如果在 15～20 美元区域产生大反弹行情，上方的强阻力位是 25 美元左右，这又是一个新的区间。

所以，我们平常可以通过所学的技术分析出接下来的 1～3 步行情预期，对于中线交易来说，一年当中就抓住 1～3 个 5 美元左右的区间，盈利也非常可观。

四、月 K 线图抓牛熊

图 56

图形解释：

在没跌破26美元前，笔者就在QQ群里告诉大家，如此重要的点位，一旦击破必然会急速下挫。当跌破26美元时，笔者又在QQ群里说，现货白银正式进入熊途，下一个支撑是整数关口20美元。也许会跌破市场心理关口，一旦击破20美元就会到18美元，因为往往击破大众心理点位后，都会有反复（震荡现象）出现。

就在2013年7月初，笔者也曾在QQ群里提到："白银月线在5连阴后，回到下方历史箱体上轨处获得支撑，本月收阳的可能性较大，至于阳线长短还不便预测，因此后市偏向低多为主。"我们再来回顾图54中的日K线，预判7月份是不是可以低多为主？7月虽然收出十字星但也是阳线，符合预算判断。

接下来又如何分析判断？先确定15～21美元这个区间是未来的构底区域，再看图56中的两个箭头标记处，当前的箭头与历史中前一个箭头处是否有相似之处？都是在连阴下跌后收出阳线十字星，那么下一根K线就极其重要了。如前一个箭头处再收阳向上，那么趋势就有扭转的潜力，如再收阴跌破前低点，那么就成了"串阴组合"图形，下探至15左右都不是很困难。但这是月K线图，一定要在月底快收线或收线时才能作出准确的判断。

五、年K线图抓计划

图形解释：

一年之计在于春，一日之计在于晨。同样，我们可以通过年K线图的分析，来计划一年当中的操作大计划。

例如图57中前面部分是标准的"串阳组合"，可想而知，一个技术组合图形可让你操作三五年，有几十美元的操作空间。图中后部分的分析可以看看图18，已作分解。

图57最后一根K线是笔者画出来的，也是2014年的年K线预期判断。因为，在大阴线下探后，一般都会有技术修复的要求，在大阴线的低位收十字星震荡。为什么会收十字星线？因为，市场投资心理不稳定，一时半会还不能扭转趋势，上方25美元左右有前面低点的强阻力（也是前大阴线的0.5位置强弱分界线处），下方在前大阴线的低点处又有心理支撑，如此就产生了区域内的震荡，一旦震荡就有收十字星线的可能。但可以肯定的是，2014年的年线收阳线十字星的可能性较大，同时等待下方两条均线指标上移靠拢。

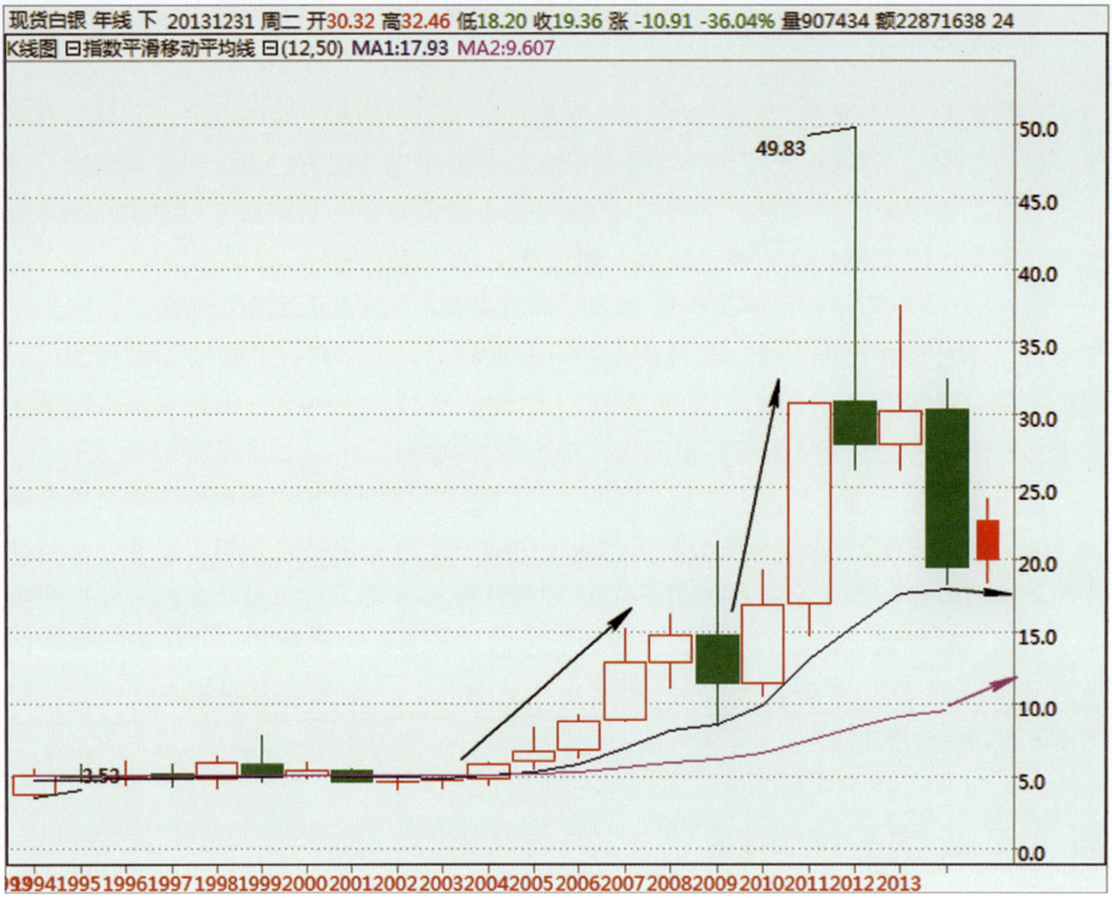

图 57

第三节 中线短做

笔者撰写了一本股票书名叫《做精一只股》，预计在 2013 年底出版，主要介绍如何从选对一只股到做精一只股的整个过程，其中有一种手法也叫“长线短做”，一只优质成长股上面低买高卖反复来回操作。

同样现货市场也是如此，你可以选择现货白银或者现货黄金品种，接着从上述第二节中选对一个大趋势，然后在一个大趋势内朝着一个方向去低买高卖反复来回操作。如果有时间，中间的修整浪可少量参与，如果没时间就休息等待修整浪末期时再向原趋势做单。

例如在 2013 年这样的典型熊市中，无论是日 K 线，还是 240 分钟和 60 分钟图中，都可在这三个周期浪形中的高点大胆做空。换句话说，当你认定一个大方向向下时，尽可能在每一次反弹的高点处做空，短线、波段、中线都是如此，特别是反弹到下降通道上轨时，如图 54 中的通道一样。如果在 240 分钟和 60 分钟图中也出现类似的下降通道时，也可以在每一次触及上轨时大胆做空。直到如上面第二节中讲到的区间位置到达为止。

如果有技术功底，有时间和精力看盘，也可在两个方向来回交易，但是做主方向的仓位可重一些，做逆方向的仓位可以轻一些。如果有技术没时间和精力的，就只做一个大方向，例如在熊市中只寻高位做空单，而从不在低位抢反弹做多单。

一、低买高卖交易手法

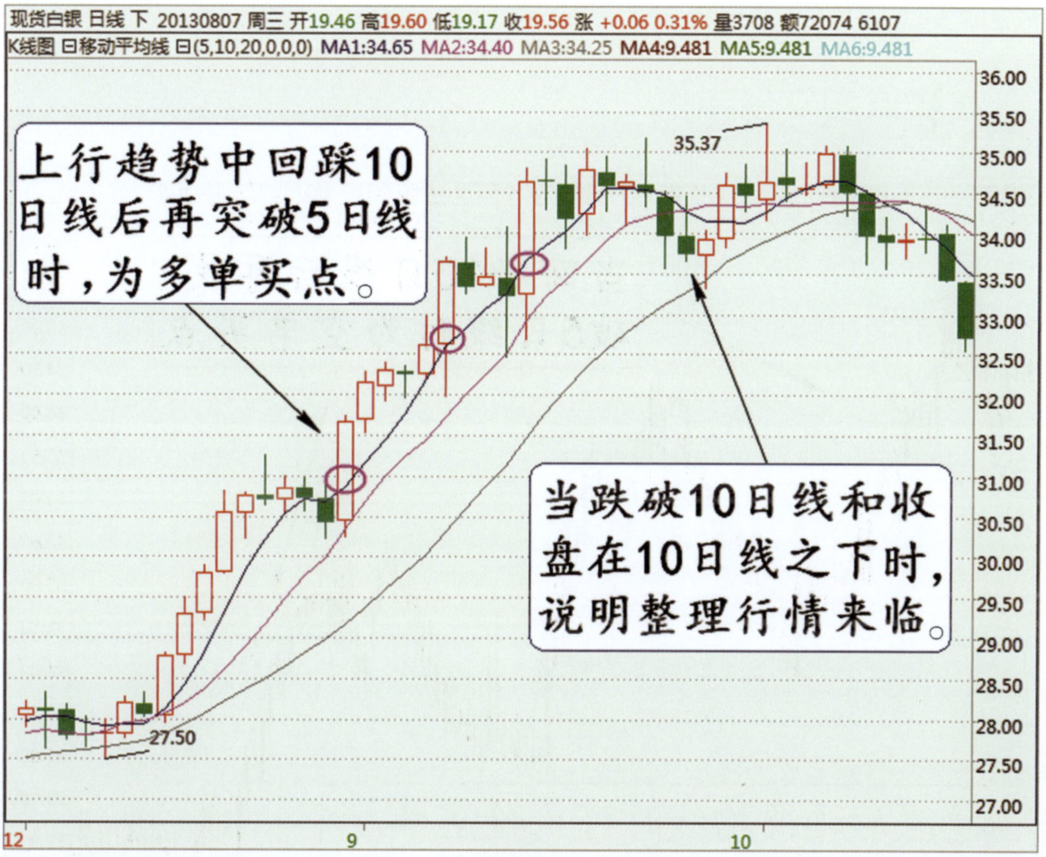

图 58

图形解释：

1. 上涨趋势中沿 5 日线上行，中途没有任何回踩现象，属于急涨；沿 10 日线上行，中途以进三回二或者进二回一（三根阳线后再收两根阴线或者两根阳线后再收一根阴线），属于稳步攀升；沿着 20 日线上行，虽趋势向上但行情比较反复波动，属于盘升。一般沿着 10 日线上行的趋势最易把握，行情不急不缓，交易时间充足，如图 58。

2. 当回踩至 10 日线后再突破 5 日线时为多单买点。

3. 当急涨后远离均线时可止盈多单。

4. 当向下跌破 10 日线后说明进入修复阶段或构顶阶段，可在震荡初期沿上下轨交易。

5. 当三条均线走平时说明进入横盘，休息观望为主，观察末端重心移向和变盘信号。

6. 此手法可运用到其他任何周期图中去。

二、高买低卖交易手法

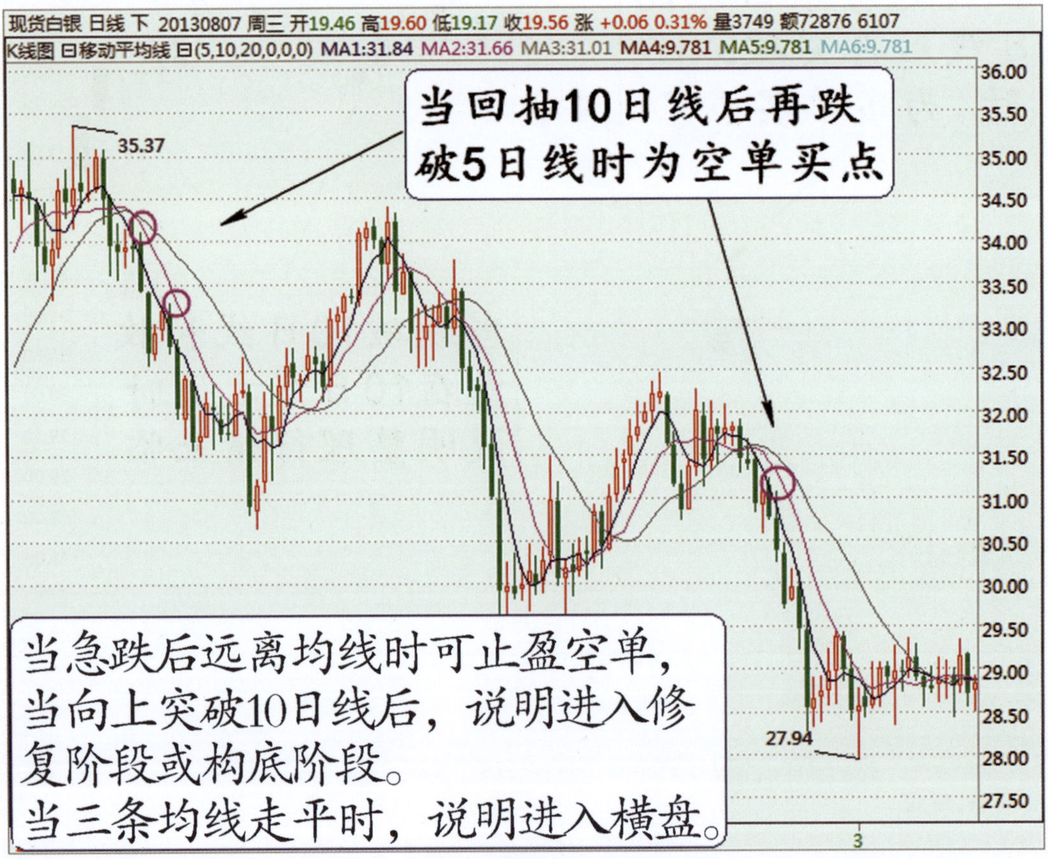

图 59

图形解释：

1. 下跌趋势中沿 5 日线下行，中途没有任何反弹现象，属于急跌；沿 10 日线下行，中途以下三回二或者下二回一（三根阴线后再收两根阳线或者两根阴线后再收一根阳线），属于阴跌；沿着 20 日线下行，虽趋势向下但行情比较反复波动，属于盘跌。一般沿着 10 日线下行的趋势最易把握，行情不急不缓，交易时间充足，如图 59。

2. 当回抽至 10 日线后再跌破 5 日线时为空单买点。

3. 当急跌后远离均线时可止盈空单。

4. 当向上突破 10 日线时，说明开始进入修复阶段或构底阶段，可在震荡初期沿上下轨交易。

5. 当三条均线走平时说明进入横盘，以休息观望为主，观察末端重心移向和变盘信号。

6. 此手法可运用到其他任何周期图中去。

本章综述

趋势为王，能判断出大趋势，在区间内可任意交易，只要分清主方向和逆方向的操作计划和手法。

其实，短线、波段、中线的技术分析都一样，图形的特征和条件以及运用技巧也一样，只是用的周期图不同，操作策略会有些不一样，中线交易的心态跟短线交易就大不一样了。对手而言，最好先是用少量资金多做短线，可以提炼技术，可以练习盘感。当技术功底巩固时，再进行波段交易，然后再进行中线交易，随着经验和财富的累积，达到一定境界时，也可如大师风范一般做长线交易。

另外，作为技术派，不管分析的结果是对与错，在事前按技术本质分析的一切笔者都会如实地说出来，这才是尽职尽责。因此，笔者一向不谈马后炮的事，就包括前面讲到 QQ 群内的提示，超过千名群员可以证实的。笔者在实盘讲解和分析中，一向喜欢进行预期分析和操作策略点评，这是有目共睹的。

第八章　诱多诱空手法

导读：

在股市中的诱多诱空通常是主力所为，目的是制造假象引诱投资者进入陷阱，同时让投资者迷失行情运行方向。在现货白银中的诱多诱空一般是市场投资者心理所为，极少部分是基金机构所为，是一种多空争夺激烈的现象，也是一种极易被扫损的行为。在实盘交易中一定要回避这种现象。

第一节　诱多诱空的特征

一、基本性质

1. “诱空”、“诱多”纯属短期技术范畴

诱多：是指价格上涨为假象，诱使投资者追多买入，或者前面持有空单的被迫扫损，而结果价格不涨反跌，让追进做多的投资者套牢，让原先持有空单的投资者被扫损出场。

诱空：是指价格下跌为假象，诱使投资者追空买入，或者前面持有多单的被迫扫损，而结果价格不跌反涨，让追进做空的投资者套牢，让原先持有多单的投资者被扫损出场。

2. “诱空”、“诱多”常出现的阶段位置

消息发布时间：例如消息好于预期、或者消息差于预期，都容易产生先涨后跌、或先跌后涨的宽幅波动行情。

技术变盘区域：经过前面酝酿已久的盘整之后，在即将变盘选择方向时，很容易产生诱多或诱空的现象。

假突破重要点位：例如在上涨中假突破阻力位，但很快又回落；在下跌中假跌破重要支撑位，但很快又回升。这也属于一种诱多诱空的性质。

二、图形特征

1. 上影线诱多图解

图形解释：

很多投资者认为长上影线是空头信号，但是，还有可能是诱多？或者是向上试探阻力？向上测试多头跟风量有多少？所以，不要以单根 K 线下结论，而是要结合随后

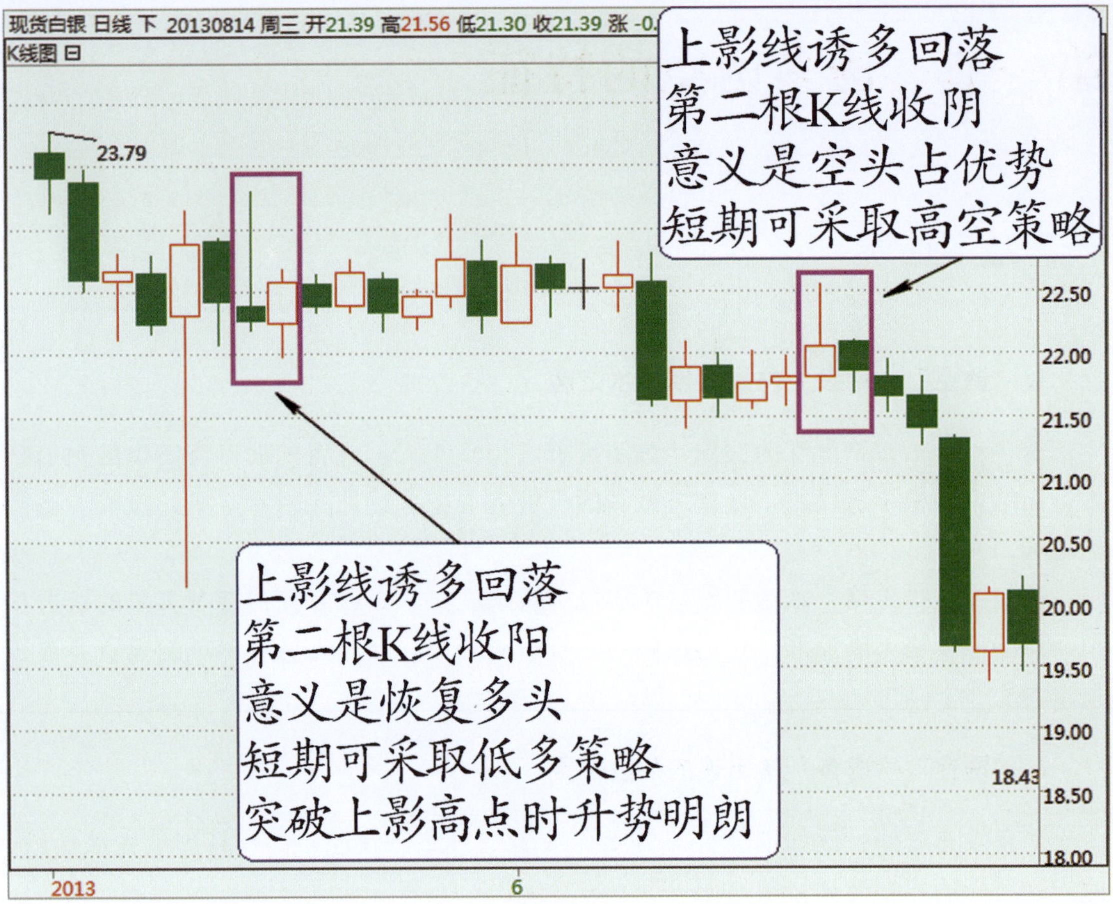

图 60

1～3 根 K 线来分析。

图 60 中前一组上影线：在冲高回落后收出长上影线，试探市场多头跟风力度有多大？因为前面刚收出长下影线，市场普遍投资者预示多头将来临，但在长下影线后的第二根 K 线收阴，消减了多头气势；第三根 K 线又收长上影，明显多头反攻力量不足；第四根 K 线收阳，进行了修复，平稳了市场人心；第五根 K 线虽收阴，但低点仍在第四根阳线实体一半之上；越往后面行情走得越谨慎，这都是投资者的心理体现。如果后面的阳线能突破前长上影的高点之上，那么多头便占优势。但图中可见，并没有突破，所以在横盘末端波幅走窄收星线后会变盘向下。

图 60 中后一组上影线：同前一组不同的是，长上影线的第二根 K 线收阴，第三根 K 线的高点没突破第二根阴线实体一半之上继续收阴，这说明空头预示明确。后一组上影线显然是变盘区域中的诱多现象。

一般而言，长下影线或长上影线之后 1～3 根 K 线收阳则短期看多；相反，之后 1

～3 根 K 线收阴则短期看空。

2. 下影线诱空图解

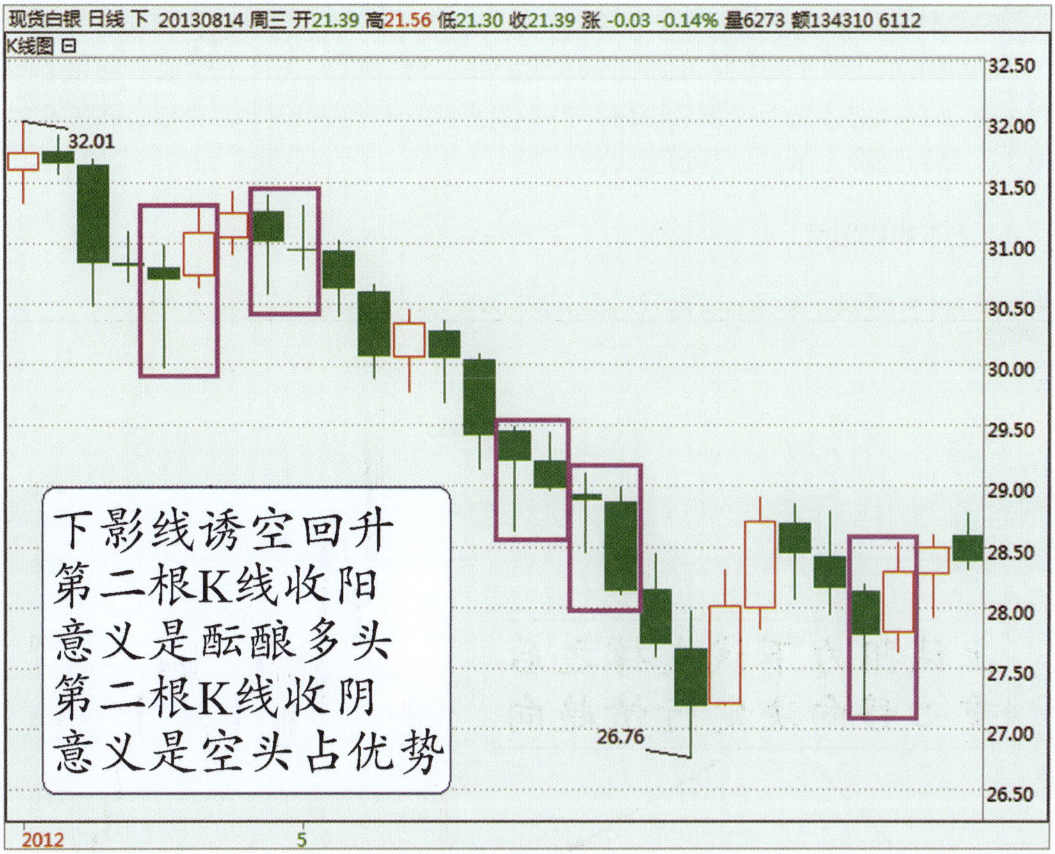

图 61

图形解释：

很多投资者认为长下影线是多头信号，其实，也有可能是诱空，或者是向下试探支撑。向下测试空头跟风量的多少，不要以单根 K 线下结论，而是要结合随后 1～3 根 K 线来分析。

图 61 中第一组下影线：如果长下影线后第二根阳线能收复前一根大阴线，形成“阳包阴”，那么就是典型的 V 字反转形态，多头预期也就较强烈一些。可图 61 中第一组长下影线后的阳线并没有吞没前一根大阴线，所以后面仅弱反弹而已。当然，图为日 K 线，虽是弱反弹但在 5～60 分钟图中仍是短线多头信号。

图 61 中第二组下影线：在长下影线后第二根 K 线又收出上影线，多空几乎持平，构成“下上影组合”，那么随后必将重选方向，若第三根 K 线收阴则短期看空，若第

三根 K 线收阳则短期看多。

图 61 中第三四组下影线：是属于下降通道中的技术修复性回升产生的下影线，因为第二三根 K 线都向下收阴。

图 61 中第五组下影线：顺势下探后，直到出现“阳包阴”时才企稳回升，回升之后二次探底时收出长下影线，用来测试前低点的支撑力度，在长下影线后的第二根阳线收在长下影线实体之上，预示短期有多头交易机会。但这根阳线没有前面起涨时的阳线长，所以短线多单目标也别定太高。

3. 上下影线图解

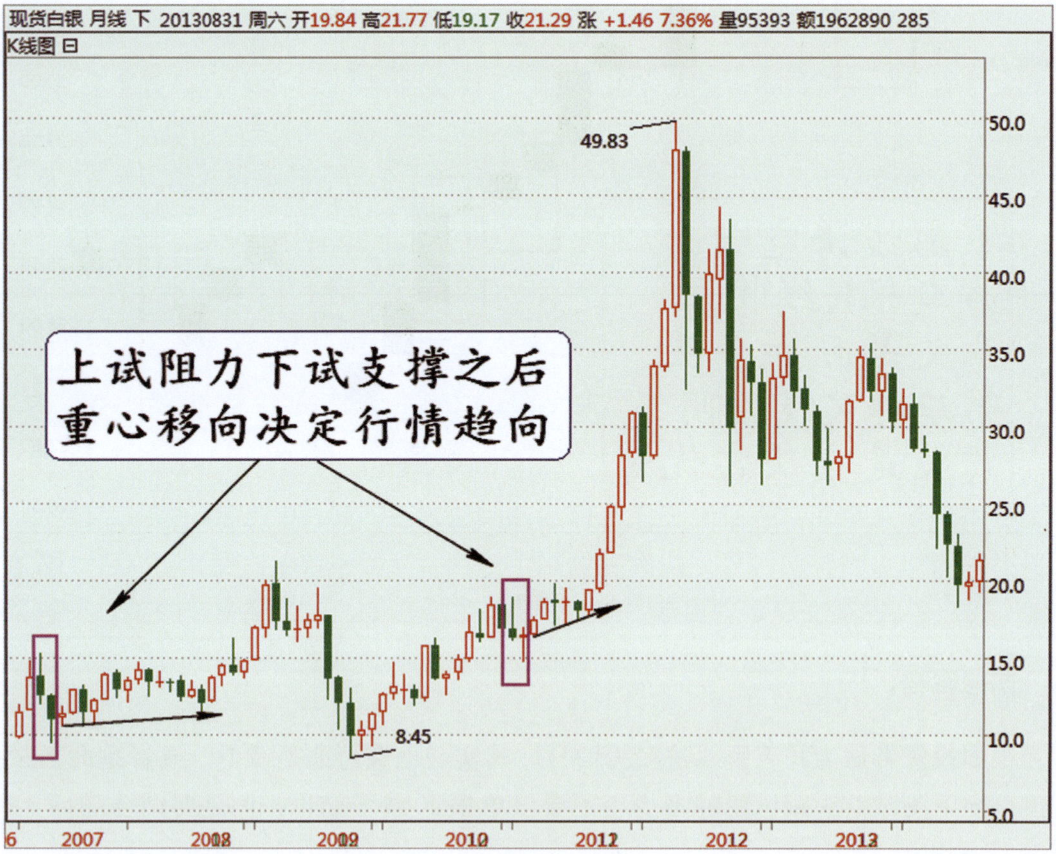

图 62

图形解释：

“上下影线组合”在股票市场中又称为“搓揉线”，是主力试盘的手法之一。向上测试阻力位和跟风盘有多少，向下测试支撑位和抛压大小。在经过上下测试后，若符合主力拉升条件将变盘上涨，若不符合主力拉升条件将会放弃而变盘下跌。仍然从随后 1～3 根 K 线分析主力意图。

在现货白银市场，虽没有主力严重控盘，但从上下影组合 K 线反映出来的心理影响是一样的，即将产生“变盘信号”、扭转局势的信号。

图 62 是白银月 K 线图，上下影组合一般在中大周期图中更容易体现出其意义，小周期图中则意义不大。

除此之外，长上影和长下影线的中间夹几根小 K 线，也是意义。最关键是看整体图形处在什么阶段位置，可作出变盘预期判断。然后，再观察随后的重心移向和拐点信号是否会出现。

第二节　诱多诱空的防范

一、先上后下

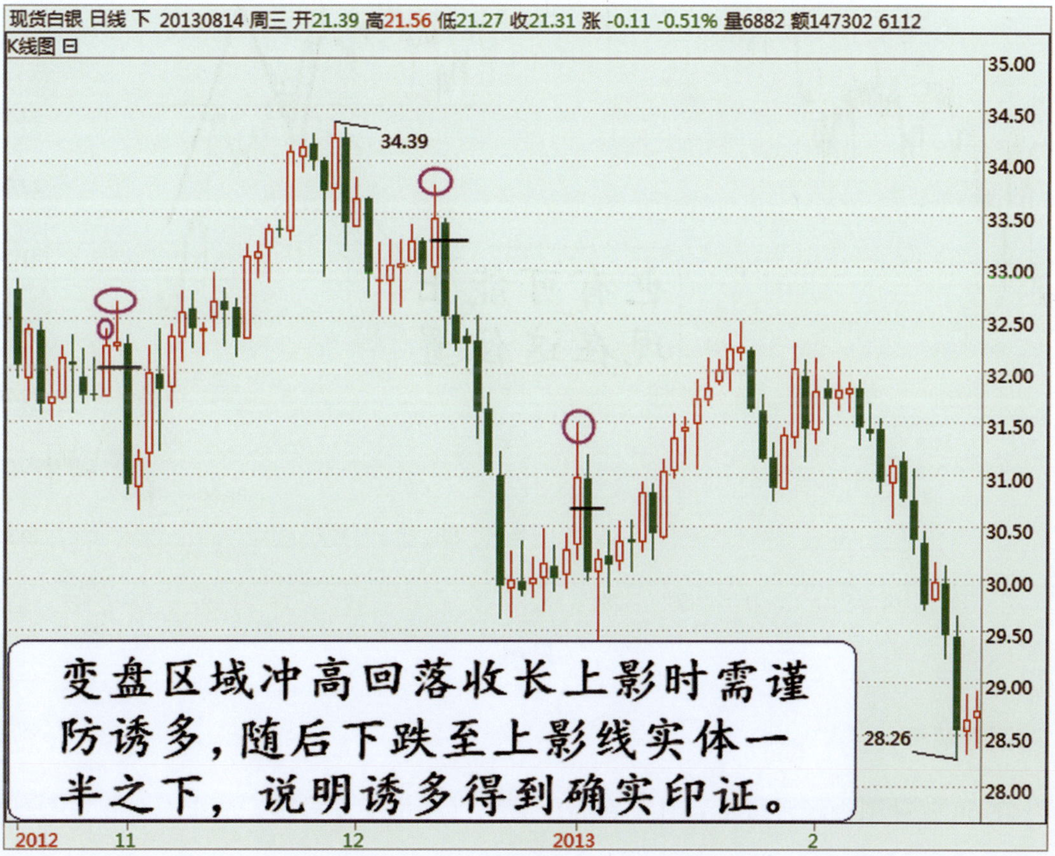

图 63

图形解释：

防范诱多 1——在下跌后构底时间太短，底部蓄势力度不够（因为蓄势越久，暴发将势不可挡），此时的急拉上涨需注意诱多。如图 63 在下跌后低位小平台后向上冲，这种现象只能解救前面的多单套牢盘，是一种技术性修复。因此要注意产生诱多的行为。

防范诱多 2——价格快速拉高，分时图中的均价线没有紧跟上移，形成顶背离后迅速回落，K 线上收出三分之一以上的上影线，预示着有诱多的可能性。

防范诱多 3——当第二三根 K 线下跌至上影线实体一半之下时，说明诱多得到确实印证。此时，有追进多单的应止损，转手交易空单。遵循假涨真跌，假跌真涨的原理。

图 64

图形解释：

在 60 分钟图中经常可见，凡是在高位磨顶（高位反复震荡）的末端，在空头即将来临时，往往会产生“诱多”现象。

也有可能会先下后上再下，先下破前一个支撑位，然后迅速反弹，甚至突破前一个高点，但又迅速回落，正式进入下降通道。

总之，在高位磨顶阶段右侧出现急拉快涨的都需注意诱多行为。

二、先下后上

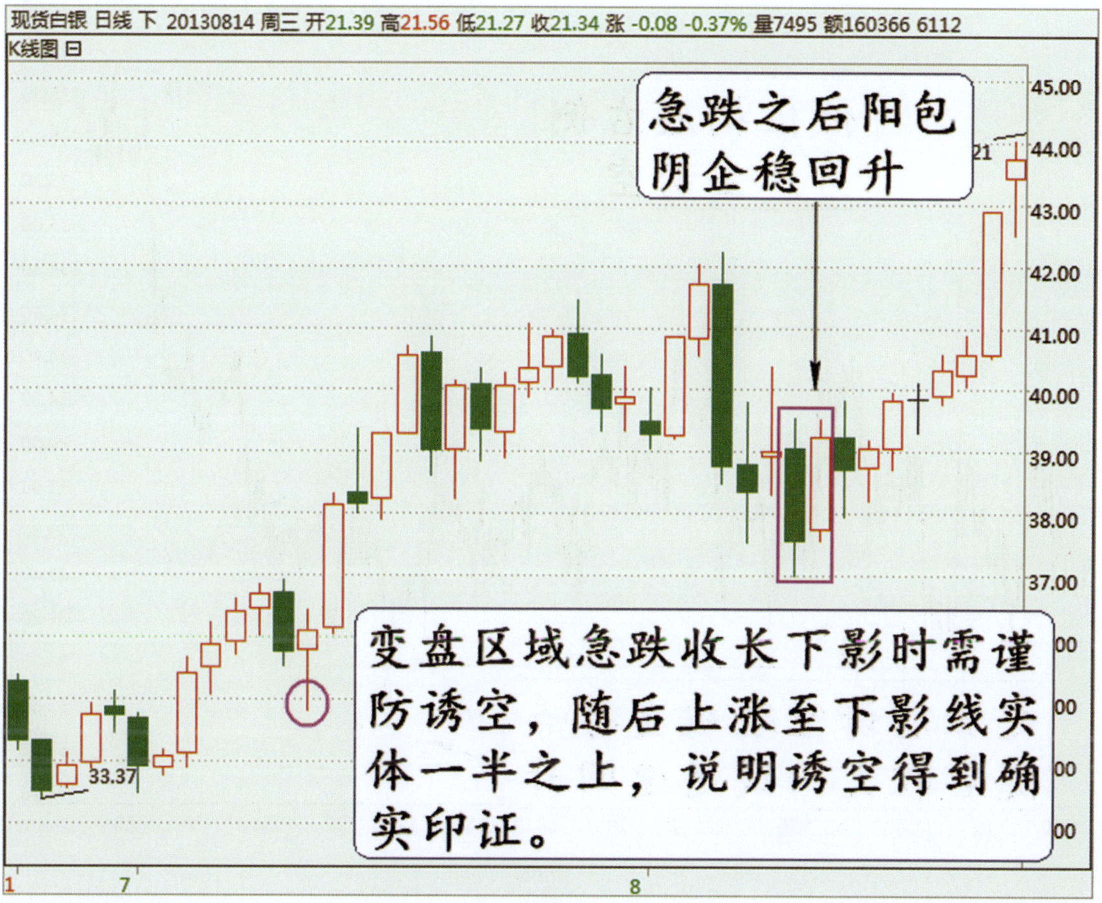

图 65

图形解释：

防范诱空 1——在上涨后构顶时间太短，顶部蓄势力度不够（因为蓄势越久暴发将势不可挡），此时的急跌下探需注意诱空。如图 65 在短暂下跌后迅速收复，这种现象只能解救前面的空单套牢盘，这是一种技术性修复打压。因此要注意产生诱空的行为。

防范诱空 2——价格快速急跌，分时图中的均价线没有紧跟下移，形成底背离后迅速回升，K 线上收出三分之一以上的下影线，预示着有诱空的可能性。

防范诱空 3——当第二三根 K 线上涨至下影线实体一半之上时，说明诱空得到确实印证。此时，有追进空单的应止损，转手交易多单。遵循假涨真跌，假跌真涨的原理。

图 66

图形解释：

在 60 分钟图中经常可见，凡是在低位构底（低位反复震荡）的末端，在多头即将来临时，往往会产生“诱空”现象。

也有可能会先上后下再上，先上破前一个阻力位，然后迅速回落，甚至跌破前一个低点，但又迅速回升，正式进入上行通道。

总之，在低位构底阶段右侧出现急跌下探的都需注意诱空行为。

三、连环引诱

图 67

图形解释：

在 60 分钟图中有类似的图形走势，日 K 线必然是以横盘为主。这种走势要从整体趋向和所处阶段位置进行综合分析，直接忽略小周期的短暂震荡，以大局为重。

除此之外，还有一种连环引诱是上下几个来回震荡，例如在重大消息发布前后，行情先上后下再上、先下后上再下，最后进入修整阶段。一般产生三个回合较普遍，四个回合极为少有。这种现象说明消息只能对市场产生短暂影响，市场投资者心理仍以投机为主，当消息淡化之后，行情又会回到原大趋势之中。

第三节　诱多诱空的变盘

一、引诱后转多

图 68

图形解释：

图 68 中两次都是先诱多后诱空，前面长上影，后面长下影，都处在下跌后的低位阶段。当确定诱多成立时，必然会有一轮较大的跌势，跌破前低点的可能性极大，那么空单建议跌到前低点左右逐步止盈。

当出现长下影后线，再结合前面的长上影一并分析，说明多空持平，接下来将选择新方向。那么就要看随后的重心移向来进行预判，如图 68 中箭头所示，直到大阳突破，上涨行情就此展开。

二、引诱后转空

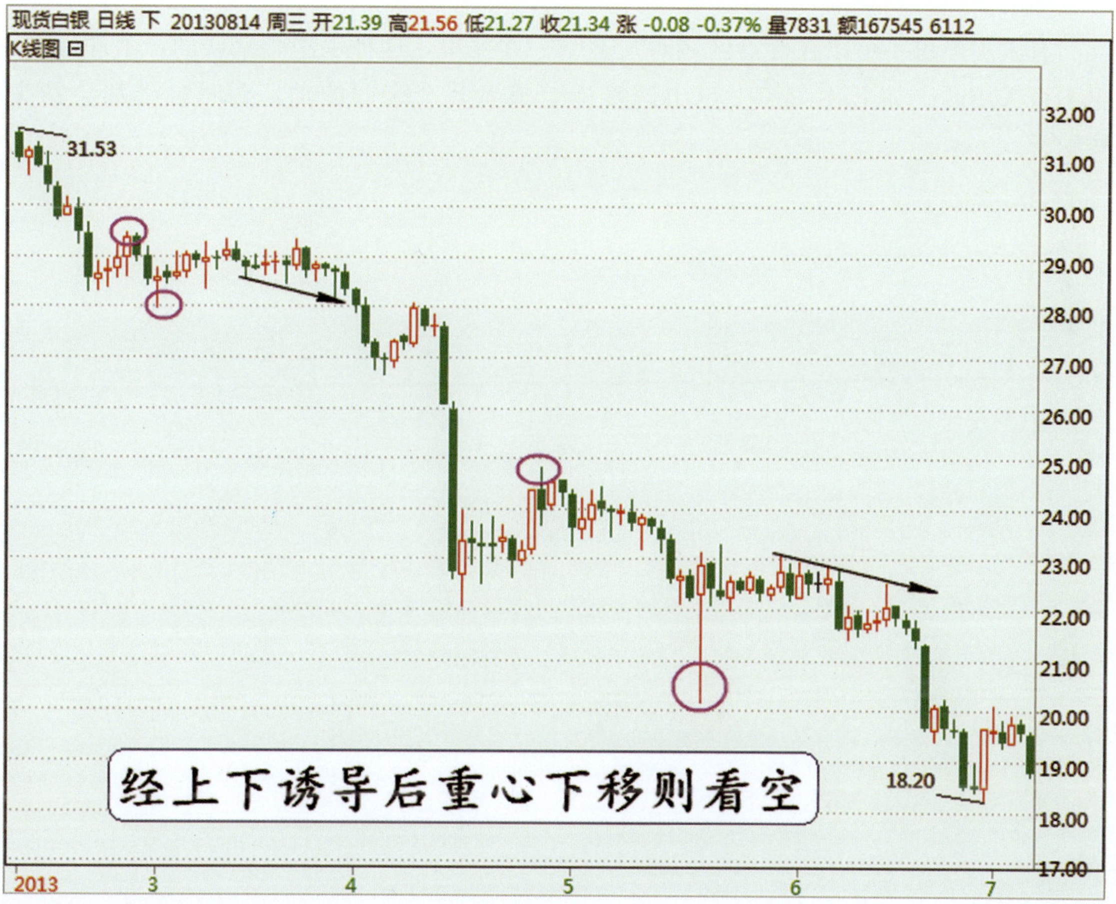

图 69

图形解释：

当出现长下影线后，再结合前面的长上影一并分析，说明多空持平，接下来将选择新方向。那么就要看随后的重心移向来进行预判，如图 69 中箭头所示，直到大阴突破，下跌行情就此展开。

本章综述

上下影线是比较常见的 K 线之一，而真正具有分析意义的是 60 分钟以上的中大周期图，在小周期图中出现则意义不大。

一定要记住上下影线的高点和低点、实体一半位置的关系，这是在观察随后几根 K 线中的要点。

有人问，可不可以在变盘区域时，多空一并挂单，这种手法是错误的，不理性的，更不可采用的。如上述图形中走出诱多诱空或者几个来回波动，到时自己都会晕头转向。

第九章　非农操作手法

导读：

美国“非农数据”、“GDP数据”公布和联邦储备局主席“伯南克”讲话，这三个时间窗口都会引起现货黄金白银和外汇行情剧烈波动。有技术和经验的投资者将这种行情当作赚钱机遇，而没有技术和经验的投资者将这种行情当作看戏或冒险相搏，无论投资者们怎么看待这种行情，都不能重仓去冒险、不能以贪图暴利的心态去交易，而需要采用相当高的技术水准和交易手法，并理性化地适当参与。

第一节　非农数据概述

要想掌握非农行情其中的技巧，就得先解析非农的本质意义和相关影响力。

一、名词解释

1. 非农的意义

“非农数据”通常指美国非农就业率。非农就业人数，能反映出制造行业和服务行业的发展及其增长，数字减少即代表企业减低生产，经济步入萧条。当社会经济旺盛时，国民消费自然随之而增加，消费性以及服务性行业的职位也将增多。当非农业就业数字大幅增加时，表明了一个健康的经济状况，理论上对汇率应当有利，并可能预示着更高的利率，而潜在的高利率促使外汇市场更多地推动该国货币价值，反之亦然。因此，该数据是观察社会经济、金融发展程度和状况的一项重要指标。非农业就业人数为就业报告中的一个项目，该项目主要统计从事农业生产以外的职位变化情形。

2. 统计的方式

就业报告（The Employment Report），包括与就业相关的信息，分别由两个独立的调查得出，即企业调查和家庭调查。其中，企业调查提供有关非农业部门的就业情况，平均每小时工作和总小时指数；家庭调查提供有关劳动力、家庭就业和失业率的情况。

3. 发布的时间

公布时间：非农业就业人数与失业率（Unemployment）一并公布，公布时间通常为每月第一个周五晚上（冬令时：11 月～次年 3 月）21：30 分、（夏令时：4 月～10 月）20：30 分，数据发布来源于美国劳工部劳动统计局，可在国内各大财经网站查看。

二、相关影响

失业率降低或者非农就业人口增加，表示景气转好，利率可能调升，对美元利多，而利空白银；反之，则对美元利空，而利多白银。

1. 美元影响

基本面中美元的走势至关重要，而影响美元走势的主要是美国的经济数据，美国经济数据中最重要的是非农就业数据和每季度公布的 GDP 数据。

2. 外汇影响

“非农就业报告”对外汇市场通常被认为是能反应所有经济指标的“重要基石”，它是市场最为敏感的月度经济指标，因此外汇市场特别重视每月非农就业人数的变化情况。该数据的发布有可能成为确定汇市方向的一个转折，也有可能带给汇市激烈的波动，愈引发市场对汇市方向的模糊和猜测。

3. 金银影响

由于黄金是以美元标价，美国的黄金储备量位居各国之首。因此，非农会影响美元行情波动、美元的走势又是现货黄金白银价格变化的风向标，美元强的时候现货黄金白银就表现为弱势，相反美元弱的时候现货黄金白银就表现为强势。但是，也有时候是正相关的行情走势，亦正亦反的走势让普通投资者对金银价格走势判断会失去依靠。

例如非农数据是：好于预期且前值利好美元、看空黄金白银，差于预期且前值利空美元、看多黄金白银，好于预期但差于前值，黄金白银先跌后涨，差于预期但好于前值，黄金白银先涨后跌。

第二节　非农交易技巧

非农行情可分为三个阶段：发布前的预期行情、发布时的冲击行情、发布后的趋势方向行情。

一、发布前交易技巧

1. 为什么要在发布前交易

美国非农数据对美元的影响传导到黄金市场来，因此美国非农数据的结果首先将对美元的走势构成影响，同时对汇市构成重大的冲击。但表现在现货黄金白银的走势上几乎是同时被动的波动。这就意味着非农数据发布时再挂单交易相对较晚，同时根据数据的好坏再来决定买卖现货黄金白银的方向，也将存有滞后性。因此建议大家在数据公布之前参与交易和策略，公布之后往往会产生震荡和诱多诱空的走势，加上数据公布之后瞬间大幅波动导致交易商提高交易点差，使得交易者付出较大的成本，并且还难以成交。

2. 预期分析方法

在数据公布之前，可先查看市场对数据的预期值与前值的比较，得出数据是偏向利好还是利空？同时，对现货黄金白银进行周期分析，例如从月线到周线、日线、240分钟、60分钟综合分析，确立当前的趋势处在大周期的哪个阶段？由此可判断出非农数据影响的幅度和时长是多少。

3. 预判行情方向

根据上述方法分析出现处大趋向的阶段位置之后，再结合非农数据的预期值比较，可以预判出在非农发布时行情的方向和轨迹。笔者做出三种假设：

（1）现货黄金白银当前大趋势正在向下，并且还有下探的空间，如果非农数据是利好，在发布时极可能会使现货黄金白银价格“先上后下”；如果非农数据是利空，在发布时极可能会使现货黄金白银价格“下跌加剧”。

（2）现货黄金白银当前大趋势正在向上，并且还有上升的空间，如果非农数据是利好，在发布时极可能会使现货黄金白银价格“加速上升”；如果非农数据是利空，在发布时极可能会使现货黄金白银价格“先下后上”。

（3）现货黄金白银当前处在一轮上涨后的高位阶段中：如果非农数据是利好，在发布时极可能会使现货黄金白银价格“先上后下”，因为已在高位再加上利好影响急速，上涨后导致顶背离现象，随之必然会引起技术性的回调修整；如果非农数据是利空，在发布时极可能会使现货黄金白银价格“直接下探支撑位或反转趋势”。现货黄金白银当前处在一轮下跌后的低位阶段中：如果非农数据是利好，在发布时极可能会使现货黄金白银价格“迎来反弹或反转趋势”；如果非农数据是利空，在发布时极可能会使现货黄金白银价格“先下后上”，因为已在低位再加上利空影响急速下探后导致底背离现象，随之必然会引起技术性的反弹行情。

4. 预判波动幅度

非农数据发布时会影响现货黄金白银价格波动的幅度大小，主要从两方面分析：

一方面是近期一周以来的市场人气是否旺盛？如果近期交易人气较活跃，那么非农数据发布时，影响现货黄金白银价格波动的幅度就偏大（一般1美元左右）；相反，如果近期交易人气较清淡，那么非农数据发布时，影响现货黄金白银价格波动的幅度就偏小（一般在0.5美元左右）。另一方面是当前行情是否处在变盘区域？如果处在长时间横盘或震荡的末端变盘区域时，那么非农数据发布时，能影响现货黄金白银价格波动的幅度就偏大（至少在1美元以上）；相反，没有处在变盘区域，而是处在上行或下行的通道中，那么非农数据发布时能影响现货黄金白银价格波动的幅度就适中（至少在0.5美元以上）。

5. 预判中的交易技巧

在大多数情况下，数据消息发布都会有预见性行情产生。一般而言，数据偏向利好，在发布前价格会逐渐上移；相反，数据偏向利空，在发布前价格会逐渐下移。此时，可结合（当前大趋势是向上还是向下？非农发布前一天或前几个小时的预期行情是上移还是下移？数据的“预期值”是偏向利好还是利空?）这些信息判断的结果进行少量潜伏多单或空单，当数据发布揭晓时，若有机会可再适量增仓。但有时也会出现反常，数据发布时没有沿前面预期行情方向走，而出现反向行情，这种情况极可能是因真实数据“高于预期值”或“低于预期值”所致，所以在预期潜伏挂单交易时一定要少量参与。

6. 预判中的交易要点

（1）做好两手准备：在这种不确定性较大的情况下，一定要有全面性的交易对策，可以提前埋单或提前潜伏下单，也可多空双边埋单（埋单的价格离现价不能太近也不能太远，一般在0.2美元左右为宜，另外要见好就收尽快止盈以防受行情震荡或诱多诱空的影响，只要一单成交后就立即撤销没成交的单）。

（2）预期交易时一定要设好止损位，以防行情波动加剧，一旦做错方向没设止损的话会导致巨大风险。有了止损设置，如果做错方向，还可在止损之后重新顺势追单。

（3）一定要提前估测区间点位掌握，包括买卖点位和止损点位。如果预判数据发布时行情出现“先上后下”、“先下后上”、“直接上行或下行”的情况，那么应该分别找出向上的阻力位和向下的支撑位在哪里。

如此，经过综合的分析判断和周密的交易计划以及技巧，在非农数据发布时无论行情怎么波动，都能做到进退自如，尽可能在自己预判范围内交易。一直以来，每一次非农数据发布前一天或发布前几个小时，笔者都会在微博或QQ群内作出预判分析，符合预判的成功率达80%以上。

二、发布时交易技巧

1. 冲击力度

万丈高楼平地起，地基的深度决定楼房的高度。在现货白银市场中，行情的冲击力度决定延续幅度。

例如：在重大消息发布时、在变盘突破时、在扭转趋势时，就短期一轮波段行情而言，如果行情在一分钟内冲击0.3美元，那么本轮波段延伸幅度在0.6美元；当行情在一分钟内冲击0.4美元，那么本轮波段延伸幅度在0.8美元；当行情在一分钟内冲击0.5美元，那么本轮波段延伸幅度在1美元……依此类推。这是一种常见规律性，但不具有绝对性，笔者是想告诫投资者以此作为操作区间的估测依据和止盈的第一目标位。

如果要解析的话，我们可以从两方面来理解：

（1）以股票为例，当一只个股在主力建仓时起涨浪幅度达20%，那么这只个股在洗盘之后仍会有20%以上的涨幅空间；当一只个股在主力建仓时起涨浪幅度达30%，那么这只个股在洗盘之后仍会有30%以上的涨幅空间；当一只个股在主力建仓时起涨浪幅度达50%，那么这只个股在洗盘之后仍会有50%以上的涨幅空间（目标翻倍）。总之，主力建仓的意愿和力度决定这只个股的高度，因为建仓时的起涨浪是主力的成本区，在洗盘后的第二浪上涨中才是主力真正赚钱的一浪，如果主力用20%的上涨幅度来建仓，那么主力必须在成本之上再上涨20%以上时才会考虑止盈，道理就这样简单。当然，也有主力在前面下跌或构底中吸筹，而降低了成本位，所以后面仅有一浪上涨冲高就出货了结。除此之外，也有主力亏钱的时候，导致后市没有如期上涨。

（2）以白银投资者的动机为例，在非农数据发布时，白银价格瞬间（1分钟内）上涨0.5美元，说明市场白银投资者的看多观点基本一致，那么这种行情推动力就会有持续力，无论是个人投资者还是机构投资者在这0.5美元以内交易的仓位，其预期盈利目标应在0.5美元之上。相反，在非农数据发布时，白银价格瞬间（1分钟内）上涨0.2美元，说明市场投资者对做多不积极，比较谨慎，那么其后上涨的幅度也不会太高。总之，投资者的动机越强，行情延续就越久。

2. 追单技巧

追单是指在行情突然急速上涨或下跌时，采用追势追单的手法，即追多或追空的手法。当然，不是见势追势，见涨追多，见跌追空，而是要有计划、有技巧、有胆量、有经验的投资者才能提高成功率。

例如，在非农数据发布时，1 分钟之内上涨了 0.4 美元左右，在第 2 分钟后极有可能会出现回压，回压的跌幅在 0.2 美元之内，也就是在前 1 分钟的涨幅一半之上止跌。这个时候可以看到 1 分钟图中的 K 线可能是一个中继平台，并且 K 线接近 EXPMA 的第一条快线处。在这个位置，一般也就是在第 3～5 分钟时去挂多单交易，这种追单的成功率会高许多，而止盈目标在 0.4 美元左右。

假设在行情突变时的第 1 分钟内去追，是很难买到低的价位，并且难以成交，交商在这时也会放大点差，一般都是在这 1 分钟内的相对高位才能成交。如果在第 2 分钟后出现回压，或者是诱多，那么将面临短套或亏损的风险。如笔者在书中常提到，在行情突变时，不要盲目冲动，记得看 1 分钟和 5 分钟图，等中继平台出现时再去交易。如此，在这静候的几分钟内，不但能让你的情绪稳定下来，还能让你的大脑得到缓冲，更能保持理性，并且成功率还高。

一定要记住：交易风险最大的是非农数据发布时，在这种闪电式的秒杀行情，下单追势交易一定要做到“快”和“准”以及“带上设损”，并且不能下重仓交易。另外，止盈技巧也可按以下时段进行：当 1 分钟图中的 K 线逐根缩短时、阴阳线交夹时（滞涨时阴比阳多、滞跌时阳比阴多）、K 线穿过 1 分钟图或 5 分钟图中的 EXPMA 快线时，进行止盈。

总之，先看 1 分钟时的涨幅和跌幅力度有多大？追势的第一个买点信号是 5 分钟图中大阳线或中大阴线时（拐点信号），当快速上冲或急挫后回踩时，要立即看 1 分钟和 5 分钟图中是否有“中继平台”的第二买点信号；如果错过前两个买点，那就看 60 分钟图收线，假如收线时上影较长，要谨防有诱多的可能，相反下影较长要谨防诱空的可能，当 60 分钟图回踩不破前大阳线或大阴线的一半位置时为第三个买点信号。一般一轮行情也就这三个较好的买点信号，一定要珍惜。

三、发布后交易技巧

1. 把握中继平台

起涨时再强悍的上涨，在 1 分钟图内均会出现上涨中继平台，如果中继平台后再没出现起涨信号就放弃交易。相反，向下转跌时也是如此。总之，一轮行情突然上涨或下跌时，一定要记得看 1 分钟和 5 分钟图中的中继平台，看了你就明白笔者的寓意了，并请珍惜这个极佳的买点信号。

2. 把握反转机会

是指在久跌后的低位和构底末端时，或者是在久涨之后的高位和构顶末端时，总之因非农数据影响能够让白银价格产生趋向性的位置，这种能引发趋势反转的机会一定要珍惜，并且要善于捂单，或者是金字塔式分批止盈。

例如，在非农数据发布当天日 K 线在低位收大阳或高位收大阴，并且大阳线的上影较短，大阴线的下影较短，那么在次日后行情仍有延伸的潜力。

3. 把握短差套利

如果非农数据对白银仅是短暂的影响，并不能影响到大趋势转变的情况下，在非农数据发布之后仍保持在原有的趋势，那么在非农当天日 K 线极可能会收大十字星线，随后几日的重心移向再决定新方向。

非农当天日 K 线极可能会收大十字星线，一般是在非农数据发布后产生宽幅震荡，上下来回波动，例如“先上后下”、“先下后上”的图形。那么，可以在“先上后下”的下跌后回升时做多单到前平台（密集交易区位置）止盈，也就是发布非农数据起涨前的区域位置。相反，在“先下后上”的上涨后回落时做空单到前密集交易区位置止盈。试想一下，日 K 线收大十字星线，那么 5 分钟或 60 分钟图中必然会上下来回震荡，其中心位置就是发布非农数据前的区域位置。因此，如笔者在前面讲到，可在大波动行情之后产生修整的小震荡行情初期时，把握短线差价套利机会。一般可交易两单，随后的波幅会越来越小，也接近深夜（到了尾盘阶段），可以放弃交易早点休息。

4. 把握新趋势行情

在非农数据发布前一周时间就会引起市场投资者的关注，在这期间许多投资者以观望为主，即使有交易也会很谨慎。由此，日 K 线图中在这期间极可能走出横盘或震荡格局。

当非农数据发布，解除了投资者的心理障碍之后，日 K 线图就会改变横盘或震荡格局，进入新趋势行情。

因此，投资者可在非农数据发布之后，观察重心移向去把握阶段性的波段行情。

第三节　非农图解案例

通过上面的文字阐述之后，在本节中笔者以图为例，可增强投资者的理解。统计时段为 2013 年 1～8 月的非农行情，温故而知新。

如前面所述，先看大周期图在非农数据发布时所处的阶段位置，笔者附上一张白银日 K 线图解析；再看非农数据发布前的预期行情和发布后的走势，笔者附上一张 1 分钟图解析，并标明其中的技巧和交易手法。

时期	预测值	前值	现值	公布日期
2013年7月	18.5万	19.5万	16.2万	2013-08-02
2013年6月	16.5万	17.5万	19.5万	2013-07-05
2013年5月	16.5万	16.5万	17.5万	2013-06-07
2013年4月	14万	8.8万	16.5万	2013-05-03
2013年3月	19.0万	23.6万	8.8万	2013-04-05
2013年2月	16.5万	15.7万	23.6万	2013-03-08
2013年1月	16.5万	15.5万	15.7万	2013-02-01
2012年12月	15.2万	14.6万	15.5万	2013-01-04

图 70

2013 年 1 月 4 日非农图形解析

图 71

图形解释：

1. 统计时期：2012 年 12 月

2. 公布日期：2013 年 1 月 4 日

3. 日线分析：从日 K 线可以发现，图 71 中的 26.11 美元是近一年以来的第三个低点，前两个低点分别为 26.04 美元和 26.15 美元。笔者常说“三次见底不跌必大涨”，恰好在第三次探底后产生长达两个月时间的构底期，并且末端重心上移，明显多头信号确立。

三次见底之后回升中的第一目标是中轴位置，第二目标是前面高点，因为在三次底上涨后会面临三次顶的可能。那么当第三次见顶（前两高点处）必然会有一定压力，此时有两种可能：第一种是直接突破后再回踩三顶为反支撑，第二种是在三顶位置回调到中轴寻支撑，图 71 就是第二种走势。回调中轴支撑后回升时能突破新高则趋势看多，若没突破前高再次回落，甚至跌破中轴之下则趋势看空，图 71 正是如此。

再看图 71 非农发布时的所处位置，他处在三次见顶后回落中的第二浪低点位置，第一浪高点 35.37 美元，低点 30.65 美元，下跌 4.72 美元；第二浪高点 34.39 美元，低点 29.60 美元，下跌 4.79 美元。如此来看，第二浪下跌与第一浪下跌的幅度基本一样，这是否意味着接下来又面临反弹上涨？正好又遇非农数据发布时，行情又会怎么演绎呢？请看图 72 的解析，但可以肯定的是，非农短暂影响过后，趋势方向应是看多反弹为主。

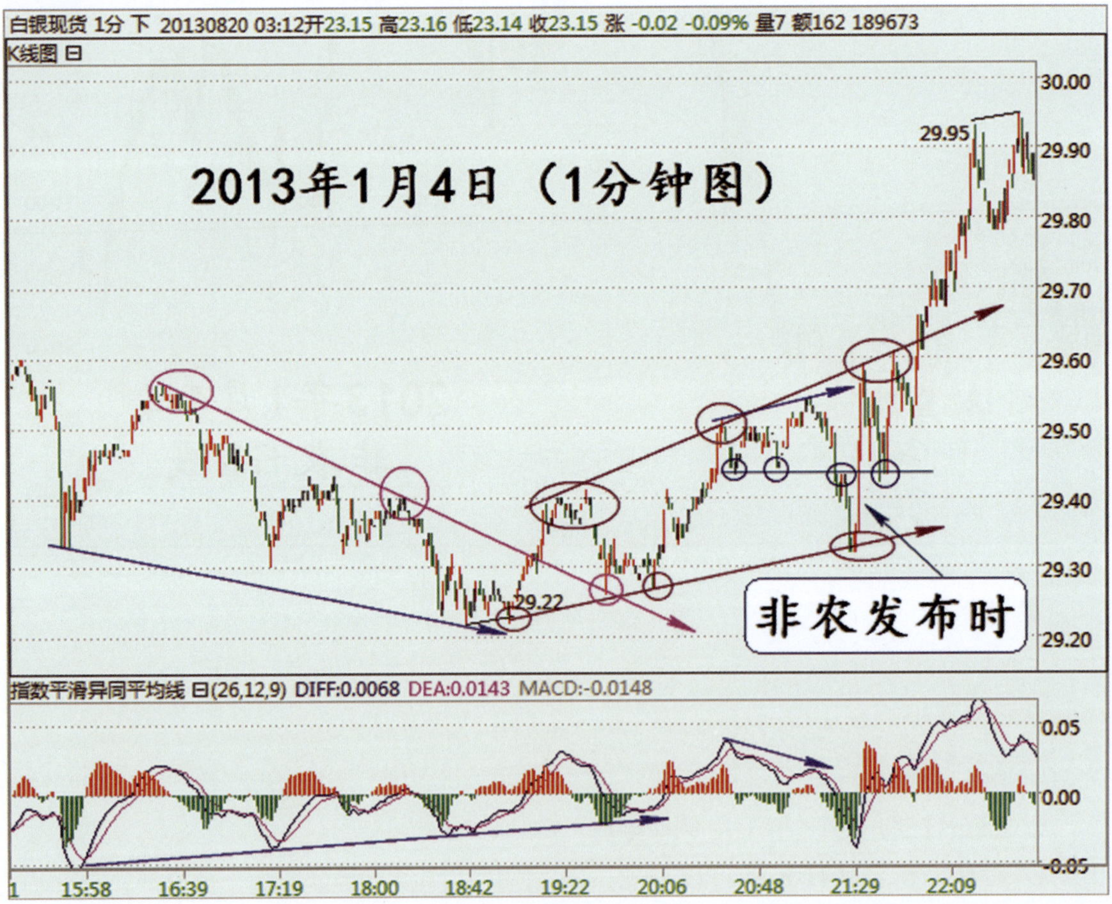

图 72

图形解释：

1. 预测值：15.2 万
2. 前值：14.6 万
3. 实值：15.5 万
4. 数据对比：好于预期及前值（理应单边下跌）
5. 白银反应：白银上涨 0.6 美元
6. 数据发布起价：29.35 美元
7. 先上涨最高价：29.95 美元

8. 1 分钟上涨高点：29.48 美元，上涨 0.13 美元，预期再上涨 0.13 美元，共 0.26 美元，起价 29.35＋0.26＝29.61 美元（第一目标位）。我们再看图 72 在 29.6 美元附近触及过两次后回踩，为什么后面还继续上涨呢？

9. 预期分析：如前面所述，在发布非农数据之前要看当天或前几个小时的预期走势进行分析。如图 72 前面 K 线下移时，MACD 却底背离上移，持续三次背离时探出最低价 29.22 美元，并且 29.22 美元前后还有两个低点，一共“三次底”，随着回升后又有两次探底（二次探底），前后两大信号说明预期看多强烈。此时离非农数据发布还有一个半小时，但由于众人预期看多，技术图形上也符合多头信号，所以在二次探底后必然继续上涨。但到了 20：30 分左右时，离非农数据发布还有一个小时，此时手持多单的投资者必然会见好就收，锁住胜利果实为上策。所以在 20：30 分后 K 线与 MACD 产生了顶背离信号，由于前面两个多小时酝酿的多头已有盈利，但离非农数据发布时间越来越近，市场投资者心理难免会有所紧张，由于恐慌过渡，所以在非农发布前几分钟产生急挫下跌，但下跌的低点又正好在下轨获得支撑，再加上非农数据利多白银，而产生 V 形反转。

10. 买点信号：由于第一分钟仅上涨了 0.13 美元，起涨欲望不是很强烈，这种 V 形回升形态，在前面下跌时的高点必然会有阻力，并且距离很近，所以可以先放弃追多单。等待前高点受阻力回踩时看以什么位置为支撑再决定是否参与多单？如图 72 在前高点和上轨受阻回踩时，以前三根阳线涨幅的 0.5 位置之上止跌，此位置正好是前再两个低点和一个小平台的高点处，同时还有构造小型“头肩底”的形态，在右肩再次阳线起涨时便是多单买点信号（图 72 右边第四个蓝色圆圈处）。

11. 止盈信号：由于非农数据利好白银，再加上发布前的预期走势也偏向多头，那么其后能上涨到什么位难以判定，那就请以 1 分钟图中的 EXPMA 快线之上为持单依据，当 K 线冲高背离快线时就减持，当 K 线跌破快线时就全部平仓止盈便是。周密的预期分析加上精准的交易手法，就此战胜一次漂亮的非农行情。

2013年2月1日非农图形解析

图 73

图形解释：

1. 统计时期：2013 年 1 月

2. 公布日期：2013 年 2 月 1 日

3. 日线分析：稍懂一点技术分析的投资者，都可从图 73 中直眼看出，非农发布日处在下跌二浪的反弹高位。看过笔者的书的读者都知道，有一浪就会有二浪的可能，有了二浪就必然会有三浪，现处在二浪下跌的反弹高位，接下来的趋势会怎样走？不言而知！

以前面第一浪和第二浪下跌的点位统计，现在笔者再来统计第一浪和第二浪后的反弹高度。第一浪下跌的低点 30.65 美元，反弹的高点 34.39 美元，上涨 3.74 美元；第二浪下跌的低点 29.22 美元，反弹的高点 32.46 美元，上涨 3.24 美元，与前一轮反弹仅差 0.5 美元。并且非农数据发布日处在反弹后的二次探顶处，这是不是说明这一轮反弹已经到位？无论非农数据是利好还是利空白银，经短暂影响之后，白银趋势方向仍会以下跌为主，进入第三浪下跌。

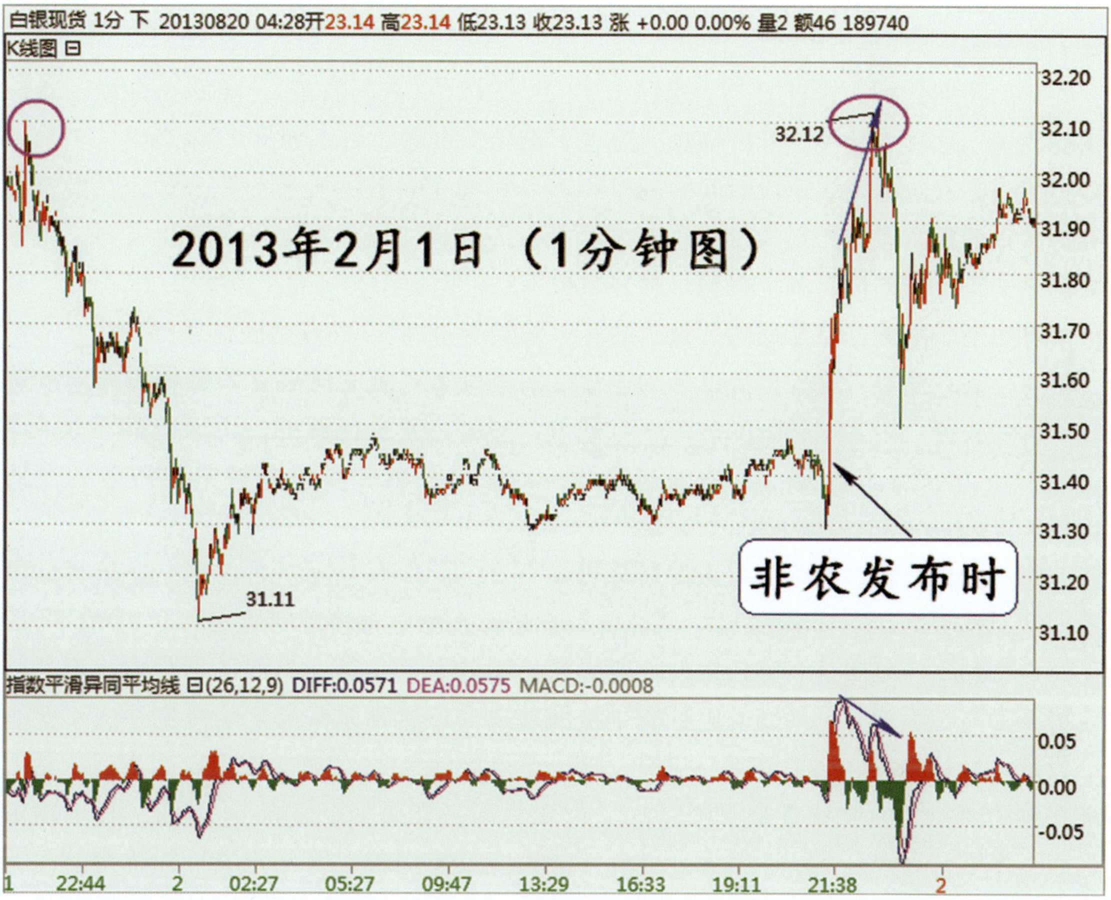

图 74

图形解释：

1. 预测值：16.5 万
2. 前值：15.5 万
3. 实值：15.7 万
4. 数据对比：差于预期好于前值（理应先上涨后下跌）
5. 白银反应：白银先上涨 0.76 美元，后下跌 0.63 美元。

6. 数据发布起价：31.36 美元

7. 先上涨最高价：32.12 美元

8. 后下跌最低价：31.49 美元

9. 1 分钟上涨高点：31.62 美元，上涨 0.27 美元，预期再上涨 0.27 美元，共 0.54 美元，起价 31.35＋0.54＝31.89。从图 74 中我们可以看出在 31.9 美元位置处的确有过盘整，并且还跌破过 1 分钟图的 EXPMA 快线。为什么后面还能继续上涨？请看下面分解。

10. 预期分析：先看图 74 中的 31.11 美元（财富密码数字），随即盘升后一直以横盘为主，这种 1 分钟图低位横盘，展现了市场投资者对日 K 线的高位恐惧，再加上即将接近非农数据发布窗口时间的观望心理。直到非农数据发布前几分钟，在横盘中有持多单的投资者抛压影响价格急挫，但下探的低点又以前两个低点获得支撑。由于数据是“差于预期值”利空美元，利好白银上涨，白银 1 分钟也上涨了 0.27 美元，这种幅度也不小不大，但能反映一点“横有多长竖有多高”，并且突破信号已现。

11. 买点信号：这种蓄势已久的横盘之后的突破，就必须在非农数据发布后的第二分钟内买进，因为这种酝酿已久一旦暴发，短时是不会回踩的，再加上第一分钟已上涨了 0.27 美元，这是个不错的起涨幅度，能反映出市场投资者偏向做多的意愿偏强。

12. 止盈信号：多单第一止盈目标仍看 0.54 即 31.9 美元左右，第二止盈目标再看前面下跌时的高点 32.1 美元，且非农数据好于前值，整体趋向还是利好美元，所以还要考虑到整体趋向是利空白银的，能尽快止盈收利为上策。后面的下跌中，可参与也可不参与，因为有了前面的胜利要尽量保住果实，特别是头脑反应慢或手法不熟练的投资者最好休战。如果要参与空单，第一止盈目标是 31.7 美无左右，因为前一轮上涨在 0.76 美元，0.5 位置是回调，0.38 位置为第一支撑，正好图 74 前面一轮下跌中途有一个平台高点是 31.73 美元，也有可能构成反支撑位；第二止盈目标就是前面的横盘箱体上轨，31.48 美元必然会有强支撑，而图 74 后面下跌的低点位置恰好是 31.49 美元。接下来的尾盘中，必然会进入来回震荡，以修整为主，那么可按照笔者的手法进行低买高卖赚取短差。

2013 年 3 月 8 日非农图形解析

图 75

图形解释：

1. 统计时期：2013 年 2 月

2. 公布日期：2013 年 3 月 8 日

3. 日线分析：图 75 如前面分析所述，顺利完成第三浪下跌。第三浪下跌之后是否会构底？是否会有反转之势？还是继续下探产生“主跌浪”？这三个疑问的答案仍要从第三浪下跌中去寻找预判结论。

如果第三浪下跌比第二浪下跌幅度要短，甚至没有跌破第二浪的低点，那么这种走势就有触底反转的可能性。如果第三浪下跌与第二浪下跌的幅度一样长，说明市场空单并无翻多之意，接下来产生横盘的可能性较大，横盘目的主要是看市场投资者的各方态度。如果第三浪下跌比第二浪下跌的幅度要长许多，说明空头得到大量的释放，那么在第三浪下跌之后极有可能产生技术性的强反弹。如果第三浪下跌之后在微反弹时高点以第二浪的低点为反阻力，说明仍为弱势，接下来便会继续横盘区间震荡，直到方向突破时。如果在第三浪之后，一直在低位横盘，不见向上突破之势，说明市场在酝酿“主跌浪”之意。

而非农数据发布日正好处在第三浪下跌后的低位横盘中途，此时市场投资者必然会保持高度谨慎，观望气氛浓厚。如果数据没有太大的冲击影响，难以改变白银的趋势。所以，在图 75 中非农日收出大十字星 K 线。当有了大十字星线之后，《现货白银做精一张图》这本书的读者们应该知道接下来怎么看盘分析了，如果大十字星之后重心上移则看多，相反重心下移则看空。

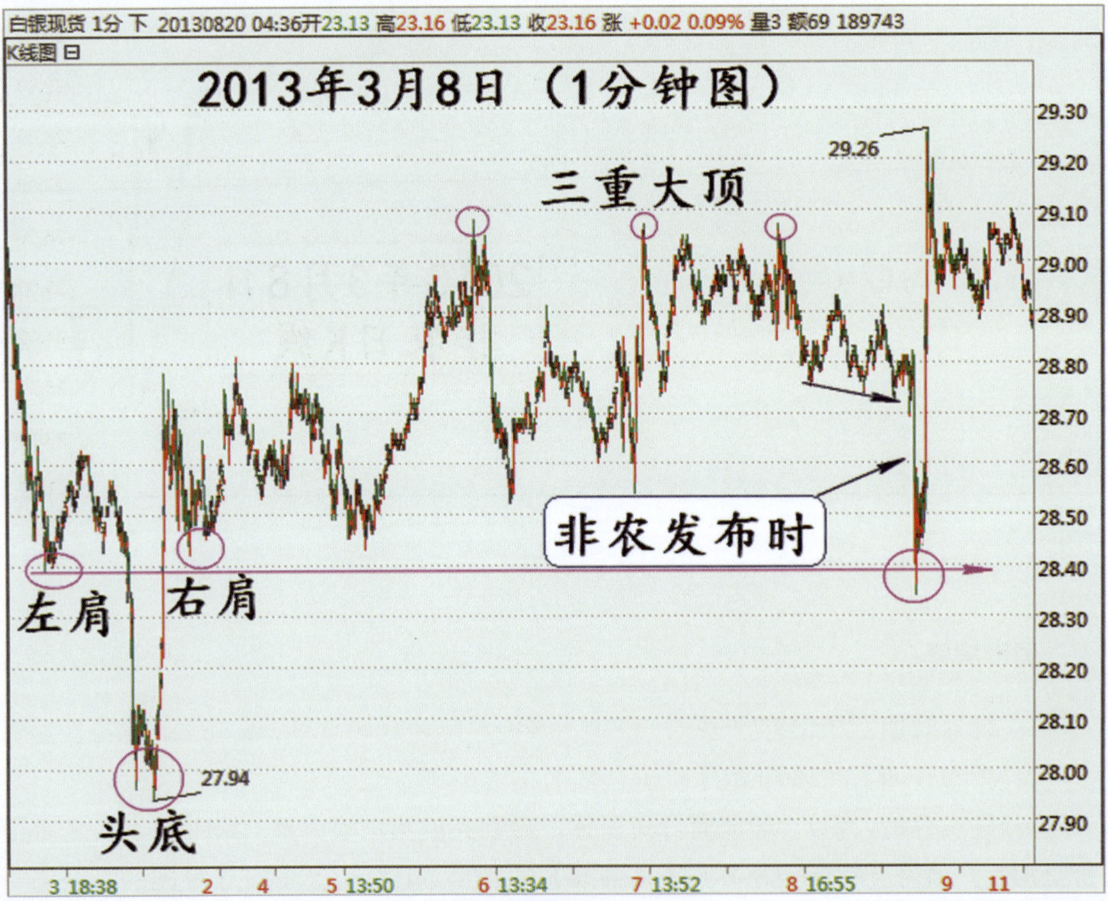

图 76

图形解释：

1. 预测值：16.5 万
2. 前值：15.7 万
3. 实值：23.6 万
4. 数据对比：好于预期及前值（理应单边下跌）
5. 白银反应：白银先下跌 0.47 美元，后上涨 0.92 美元。
6. 数据发布起价：28.81 美元
7. 先下跌最低价：28.34 美元
8. 后上涨最高价：29.26 美元

9. 1 分钟下跌低点：28.75 美元，下跌 0.06 美元，预期再下跌多少？不符合笔者的计算条件。第二分钟大阴下跌了 0.33 美元，后面还有多少下探空间？能不能追进空单？请看下面的分解。

10. 预期分析：先看图 76 中的“三重大顶”之后直线回落，在非农数据发布之前，已预期盘跌现象，跌幅近 0.3 美元，再加上非农数据发布后的下跌超过 0.3 美元，前后相加已有 0.6 美元的跌幅。可想而知，本次非农数据在预期中就已走了一半的行情，在非农数据发布之后，加上第一分钟的跌幅微小，所以就不必去追空单了。

11. 买点信号：那么，接下来又该怎么分析？是否还有可交易机会？在观察中我们的视线就要转向图 76 中最前面的“头肩底”左右肩支撑位，如果能获支撑，并随即有起涨信号出现时便是多单买点信号。如果没有支撑而是继续下跌，再考虑到日 K 线是低位横盘，会有“主跌浪”的潜力时，就可以寻找空单信号买点。

12. 止盈信号：如图 76 中在左侧的“头肩底”左右肩处获得支撑后，1 分钟走出横盘状态，说明市场投资者对此位置比较重视，有保护现象。既然是横盘状态，那就观察附图指标如 SUPL 和 MACD 是否有明显底背离？如果有，便可少量潜伏多单，待 5 分钟图中出现起涨信号时再增仓多单。多单第一目标止盈位是 V 字形反弹的口沿处，即 28.8 美元左右，也能有 0.3 美元左右的盈利。第二目标止盈位是前面“三重顶”附近即 29 美元，至于后面如何演变？如何上涨？已不在我们的分析和把控的范围内，即弃之。但可肯定的是，非农数据是明显利好美元，上涨冲高后必然会回落，投资者也可在高位有探顶技术特征时买进空单，该空单的止盈位仍是 28.8 美元为反支撑，同时再构成“头肩底”的右肩部位。虽图 76 没有截到后部分的图形，但投资者可以去查看，的确在 3 月 11 日晚上 21 点前后各一个小时都在 28.8 美元区域震荡，在“头肩底”的右肩部位构成后，再度上涨至 29.35 美元。

2013 年 4 月 5 日非农图形解析

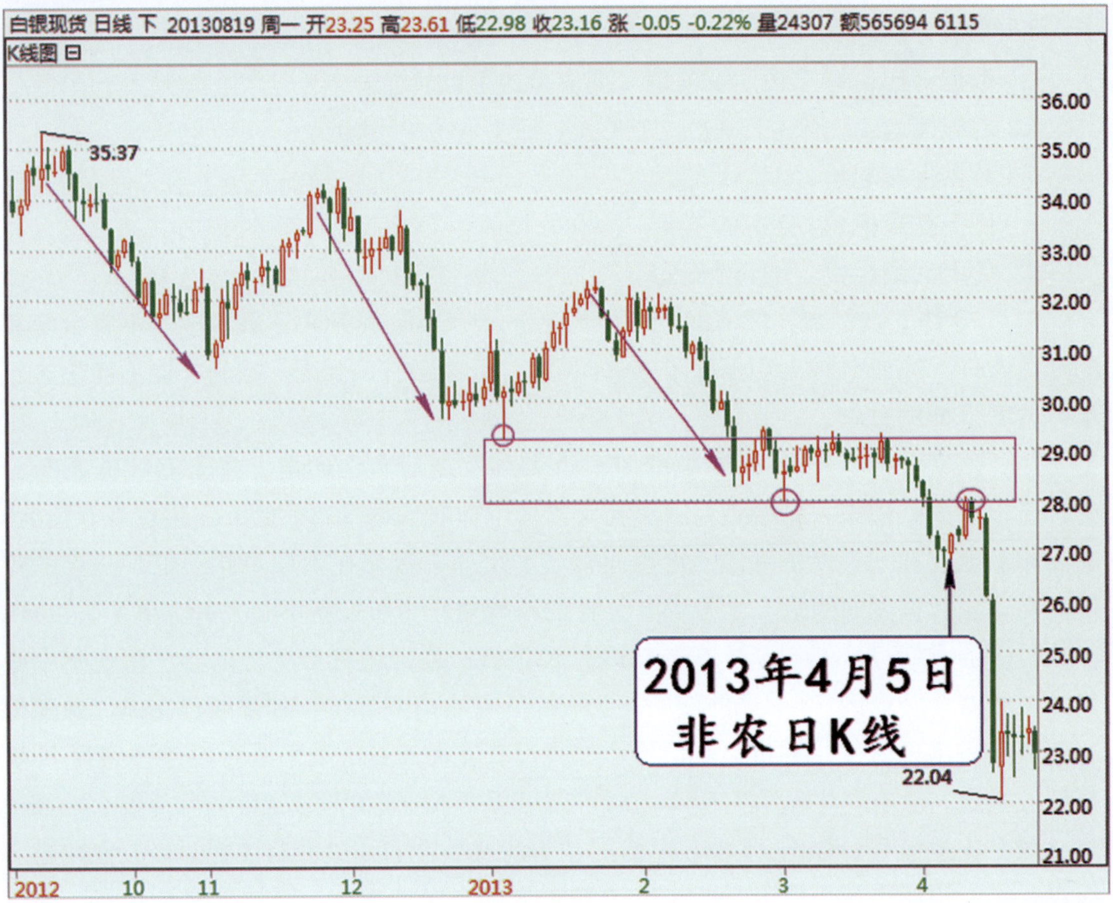

图 77

图形解释：

1. 统计时期：2013 年 3 月

2. 公布日期：2013 年 4 月 5 日

3. 日线分析：图 77 如期所述，三浪下跌之后横盘末端重心下移，在跌破前低点当日收中阴线，“主跌浪”就此展开。那么，如何判断“主跌浪”会不会是假象？下跌幅度一般又有多少？又会以什么样的方式完成下探？请看下面的分解。

就理论而言，“主跌浪”、“主升浪”往往是很急速的。一般下跌的幅度仍与前面单轮浪形的幅度差不多，从图 77 中我们可以看出从 28 美元跌至 22.02 美元，下跌 5.96

美元。如果从横盘高点 29.46 美元计算，其下跌了 7.42 美元。此时我们回头看看前面讲到前三浪下跌的幅度，浪形是否基本一样长？

从技术角度而言，急跌时的技术特征有两种：一种是串阴构成，阴线逐根拉长，直接释放出非常长的一根阴线后，才有止跌缓冲的可能。另一种是先小跌，再反弹确认反阻力，一旦反阻力确认后，便是暴跌的开始。第二种好比上涨前的“二次探底”不破前低点一样理解。

图 77 中的非农数据发布日处在下跌后的长下影线，次日，从技术分析在跌破重要位置后均会有反抽动作，因为在击破重要位置后，再下跌一定幅度时，此时空头已释放一部分，必然会有多头争夺。另一种解释是，市场机构投资者们也想测试一下普通投资者的状态，所以在反弹中试探对上方的反阻力到底在多大？然后再决定是否可大胆放空？

经过一轮技术和投资者心理分析之后，便可知道非农数据发布日的位置：如果非农数据是利好白银，必然会上涨，这样才能达成反弹确认反阻力的目的。如果非农数据是利空白银，正好也可测试市场投资者对继续做空的意愿是否强烈。结果非农数据怎么样？请往下看。

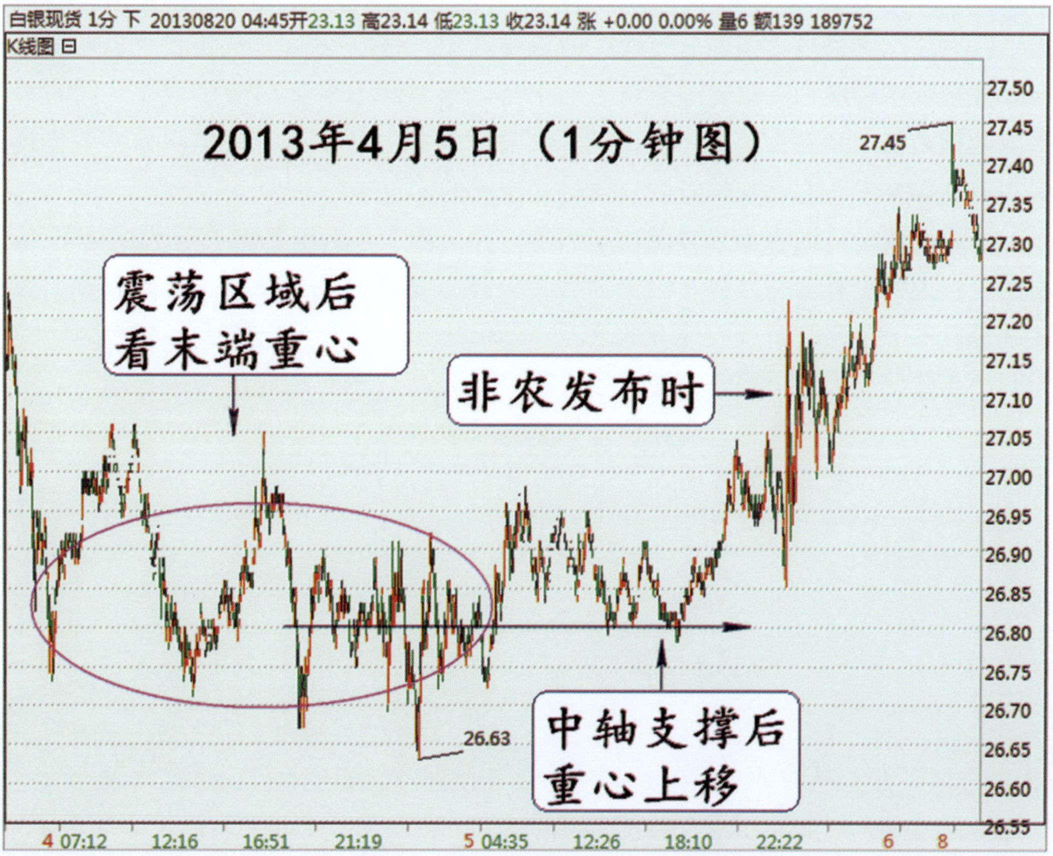

图 78

图形解释：

1. 预测值：19.0 万
2. 前值：23.6 万
3. 实值：8.8 万
4. 数据对比：差于预期及前值（理应单边上涨）
5. 白银反应：白银上涨 0.6 美元
6. 数据发布起价：26.85 美元
7. 先上涨最高价：27.45 美元
8. 1 分钟上涨高点：27.16 美元，上涨 0.31 美元，预期再上涨 0.3 美元，共 0.6 美元，起价 26.85+0.6=27.45。再看看图 78 中的最高点正好是 27.45 美元，不谋而合。如何判断是否会大幅上涨？买点信号又在哪？请往继续下看。
9. 预期分析：先看图 78 中有前期震荡区域，是一轮下跌后的低位震荡，是构底？还是下跌中继？那就观察震荡后的末端重心移向来预判趋向。再看图 78 的中间区域，笔者常说，无论 K 线怎么震荡？怎么运行？一定要时刻查看“中轴位”，也是当前的“均价线位置”，它也是“强弱分界线”的重要意义。而图 78 在前面震荡之后明显振幅收窄，并且以中轴线为支撑，随之再重心上移，这意味着短期多头已成立，同时也预期非农数据是偏向利好白银。总之，在非农数据发布之前预期行情越明显、蓄势越久的，在非农数据发布之后其暴发的行情也是越大的。
10. 买点信号：细看 1 分钟图冲高回落，收上影线，但上影的部分为实体 K 线的三分之一，说明仍有多头之势。只要随后几分钟修复这根上影线时，其低点在上影 K 线实体部分的一半之上，或收线在此之上，就仍然偏向多头，此时便可买进多单。
11. 止盈信号：多单第一目标止盈位是上影线高点左右，此位可进行减持，不必全止盈，保留部分仓位搏第二目标位，如果博不成再保本位平仓。第二目标止盈位是笔者前面计算的位置 27.45 左右。

2013 年 5 月 3 日非农图形解析

图 79

图形解释：

1. 统计时期：2013 年 4 月

2. 公布日期：2013 年 5 月 3 日

3. 日线分析：继续接着前面的分析，从理论上讲“三浪下跌再加主跌浪”完成之后，便进入构底区域。但是，震荡构底过程中不排除再探新低，另外构底有时长时短之分，主要看当前的市场环境因素。那么，主跌浪之后，又如何判断是否还会有下跌动力？又如何判断什么时候反弹？反弹的高点在什么位置？

如图 79 中后市又探出新低，原由是在主跌浪之后反弹时没站上前主跌浪（跌幅的一半之上）。从图中可以清楚看到，从 28 美元转跌至 22 美元，下跌了 6 美元，一半是 3 美元，22＋3＝25。可图 79 中在主跌浪之后反弹时的高点却在 25 美元之下，这说明仍是弱势反弹，还不具备反转为多的动力。

接下来再看技术修复的末端重心移向，此位置恰好遇上非农数据发布时间。向上涨但前面的动力明显不足，向下跌但前面才急挫不久，在这种上下两难的盘面之下，非农当日收十字星线属于正常现象。非农大十字星线之后，再由市场投资者的心理倾向去选择方向。

再回到前面的问题，如果在主跌浪之后展开反弹，反弹时的起涨力度可决定高度，第一高点位置为收复主跌浪，再强势一点第二高点位置是收复前面的第三浪为极限，随后必然会进行修整状态。如图 79 中 28 美元为第一个目标高点，32 美元为第二个目标高点。这是一种技术规律性，大小周期都同样分析，向下三浪和主跌浪之后也是如此分析。

图 80

图形解释：

1. 预测值：14 万
2. 前值：8.8 万
3. 实值：16.5 万
4. 数据对比：好于预期及前值（理应单边下跌）
5. 白银反应：白银先跌 0.64 美元，后涨 0.96 美元。
6. 数据发布起价：24.07 美元
7. 先下跌最低价：23.43 美元
8. 后上涨最高价：24.39 美元

9. 1 分钟下跌低点：23.58 美元，下跌 0.49 美元（这是第二分钟的跌幅），第一分钟上涨了 0.15 美元。由于第一分钟是逆向数据上涨，并且第二分钟下跌 0.49 美元，再加上非农数据发布前的跌幅 0.47 美元，共 0.96 美元的跌幅，这样的整体跌幅已完全可抵消非农数据的利空影响。所以，在这种情况下，便不符合笔者的计算条件，也不符合追空单的条件。

10. 预期分析：再看图 80 中三浪上行，前面多次提到三浪完成之后将面临技术修整的要求。再看三浪后的高点正好是前面密集交易处（阻力区），在这区域是不可能存有三浪后再横盘的可能，因为临近非农数据发布时间，投资者不可能手持多单静心等数据发布的，必然会平仓多单回避不确定性风险。由此，前面三浪上涨走完，又在前面的高点受阻，试想一下非农数据发布前必然会有回落之势；另一方面市场也会有预期利空白银的反应。

11. 买点信号：前面提到非农发布前已有预期下跌，再加上非农数据发布后的一分钟跌幅，整体跌幅已接近 1 美元，正常情况下白银价格波动 1 美元为一个界限，所以先放弃追空单的意图。唯有如前一段分析，可在三浪上行后前高点受阻时提前潜伏空单，可在低位出现阳包阴时止盈。随后又展开回升之势，在这轮上涨的第一目标是前跌幅的一半位置，第二目标是前高点。这时段可交易也可不交易，因为数据是利空白银，能回升多高并不确定，再加上日 K 线也处在弱势区域。接下来应观察非农数据发布之后的变盘机会。

2013 年 6 月 7 日非农图形解析

图 81

图形解释：

1. 统计时期：2013 年 5 月

2. 公布日期：2013 年 6 月 7 日

3. 日线分析：图 81 前部分前面已做解析，仍处在弱势区域，笔者在此就解析下图中这根长下影线。

长下影线有着反转趋势的潜力，也有着试盘的性质，还有可能是诱空的骗线。到底是哪一种结论？从随后 3～5 根 K 线便可揭晓。

先看下影线的实体部分的关系，如果第二根 K 线在实体的一半位置之上收阳则看多，相反如果在实体的一半位置之下收阴则看空，但这只是第一个初见信号，并不明确，还需随后的两三根 K 线来证实。

从长下影的多头强势意愿来看，应该会产生 V 形反转才符合多头意图。那么，如果在长下影后 3 根 K 线内没有出现强势上涨的现象，说明多头还很谨慎、很忧虑，这就增加了更多的不确定性，操作方面应继续观察为主。

如果长下影线之后，不急涨也不急跌，走横盘状态。那么，横盘的时间越长，就越消磨掉多头的意志，当多头和空头达到平衡时，其波幅就会逐渐收窄，临近变盘。相反，长上影线也是如此分析。

图 81 中的非农日正好处在变盘区域，也正是因为非农数据将近，所以前面走势不明确，就让非农数据好坏来决定格局的突破。但可以肯定的是，在这位置是不可能再收大十字星线了，因为前面的 K 线已收窄并处在变盘处，无论向哪边突破都会收实体较长的 K 线，这是属于纯技术预判。一般在震荡区域中途、在横盘区域中途才会有收大十字星线的可能。

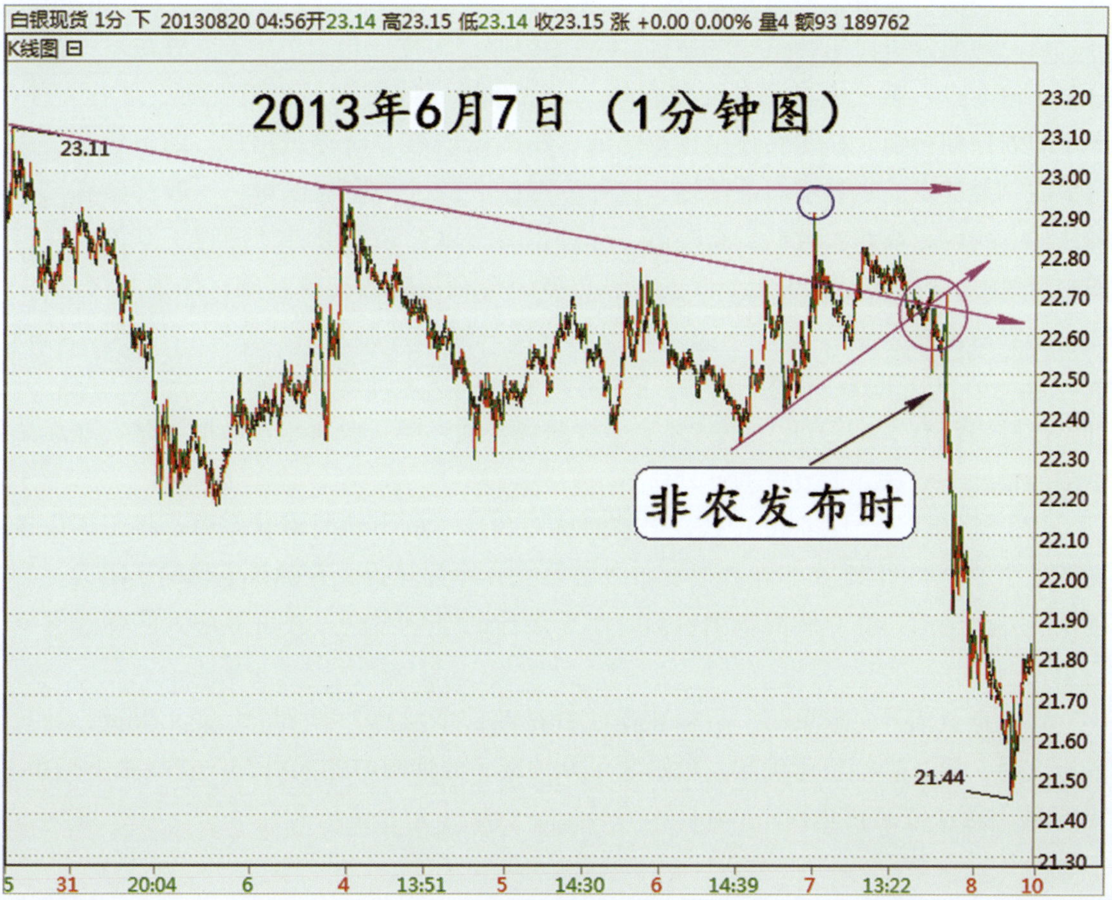

图 82

图形解释：

1. 预测值：16.5万
2. 前值：16.5万
3. 实值：17.5万
4. 数据对比：好于前值及预期（理应单边下跌）
5. 白银反应：白银先下跌0.26美元，再上涨0.41美元，后下跌1.26美元。
6. 数据发布起价：22.55美元
7. 先下跌最低价：22.29美元
8. 再上涨最高价：22.7美元
9. 后下跌最低价：21.44美元

10. 1分钟下跌低点：22.29美元，下跌0.26美元（这是第二分钟的跌幅），第一分钟是上涨了0.02美元。这种情况到底要不要追空单？有没有符合我们的条件？什么位置去操作空单？请看下面的分析。

11. 预期分析：先看图82中的整体图形类似“对称三角形”形态，在最后一大浪分三小浪上行，第三小浪没有突破前高点，就这样完成了小形三浪。随后重心下移，产生非农预期行情。在非农数据发布之前，K线已跌破“对称三角形”的下轨，空头行情将一触即发。笔者前面曾说过，这种酝酿已久的大型变盘区域，一般都会有二次确认的。所以，在非农数据发布时第一分钟没有下跌，第二分钟才急速下跌的，并且图中可见22.3美元附近有几个低点，势必多少会有一定的支撑基础；如图80分析一样，非农数据发布前已有0.35美元的预期行情跌幅，再加上第二分钟0.26美元的跌幅，共0.61美元的整体跌幅，此时追单必然会有二次回抽确认反阻力的短套风险，并且整体跌幅已有0.61美元，下方还有多少跌幅空间？第一分钟也没收阴下跌，在无法估测的情况下应放弃追空单的计划。

12. 买点信号：除非在K线跌破“对称三角形”的下轨时潜伏空单，将止损位设在下轨之上。如图82在非农数据发布之后第三分钟就开始回升确认上轨的反阻力，当确认有效阻力时，在直线回落阴包阳时便是最佳的空单买点，并可放心大胆的建立空仓单。

13. 止盈信号：空单第一目标止盈位置是前一个低点，即22.29美元附近。一旦跌破之后，第二目标将不确定，就沿着1分钟或5分钟图中的EXPMA快线之下持单，当K线上穿快线时再止盈。

2013 年 7 月 5 日非农图形解析

图 83

图形解释：

1. 统计时期：2013 年 6 月

2. 公布日期：2013 年 7 月 5 日

3. 日线分析：笔者前面一直有提到“阳包阴”信号，图 83 中低位就是典型案例图形，并且还是光头阳线（没有上影）。次日冲高受前面的长下影线阻力后回落，随即临近非农数据发布日，行情也就此望而止步，构成大阳线后高位小平台。

试想一下，此位置如果非农数据利好白银，那么将会继续上涨；如果非农数据利空白银，那么将会考验前低点的支撑力度，假设前低点之上有获支撑现象，那就构成二次探底，其趋向方面仍为看多；如果非农数据影响不大，例如是“好于预期但差于前值”先下跌后上涨或“差于预期但好于前值”先上涨后下跌，那极有可能收大十字星线，因为此位置刚好处在平台中。

由于非农数据是“好于前值及预期”利好美元，利空白银。果不其然，非农当日收出的阴线并没有拉长，并且收盘在前低点之上，是否二次探底？最关键的是看次后1～3根K线来确认。如果次后的阳线能够收在阴线一半之上或再次“阳包阴”，那么多头信号就已确立，随后的操作策略便以低多为主。笔者还记得当时在实盘群里提示最近会向21美元进攻。

图84

图形解释：

1. 预测值：16.5万
2. 前值：17.5万

3. 实值：19.5 万

4. 数据对比：好于前值及预期（理应单边下跌）

5. 白银反应：白银下跌 0.63 美元。

6. 数据发布起价：19.33 美元

7. 先下跌最低价：18.7 美元

8. 1 分钟下跌点：19.24 美元，下跌 0.09 美元，预期再下跌多少我们可以如下来分析。

9. 预期分析：图 84 中可见在非农前一天就已预期行情下跌，非农当日还跌破前面的几个低点，直到晚上 17：30～19：30 才技术性修复反弹，其目的也是为了二次确认前面上方几个低点的反阻位。在非农数据发布前一个小时以（小阴小阳）盘跌为主，直到非农数据发布时，1 分钟虽跌幅不大，但收出的阴线比前面几个小时以来的 K 线都要长，再加上前面已有二次确认反阻位是有效的，这便符合笔者的拐点信号。

10. 买点信号：既然是拐点信号，也是空单的买点信号，那么下跌的幅度就得往前面看，目的是看支撑位在哪？虽图 84 中没有截到前面的图形，大家在复盘时可以看到前面下方有一个密集震荡交易区，该区域的上轨是 19 美元，下轨是 18.5 美元左右，中轴是 18.75 美元左右。

11. 止盈信号：也就是说，前下方的震荡区域上轨 19 美元为第一止盈位，中轴 18.75 美元为第二止盈位。前面提到，先是“阳包阴”触底反转多头信号，接下来的回踩将存有“二次探底”的预期，一般二次探底的低点均会比前低点要高一些，也就是说其中轴位置是最佳的支撑位，如图 84 果然是以中轴位置 18.7 美元止跌。如果在此没有止跌，而是继续下探，那么多头将会失去优势，再往后的观点也将会改变了。

继续往后看，是不是二次探底确立？随后 1～3 日一看便知，如图 84 在 18.7 美元后先是反弹到前跌幅的一半位置受阻回落，随后一并构出“三次底”，并且逐个低点在抬高，此时结合上述的分析，是一次极佳的多单买点信号呈现。这笔多单的高点可先看到非农数据发布时的拐点位置，即 19.33 美元附近。仔细往后看，果然这一轮上涨至 19.29 美元，回踩时又以前上涨中的“中继平台”19 美元位置获得支撑，又一次以多单机会呈现。

2013 年 8 月 2 日非农图形解析

图 85

图形解释：

1. 统计时期：2013 年 7 月

2. 公布日期：2013 年 8 月 2 日

3. 日线分析：前面讲到“二次探底”一旦确立后将进入第二浪上涨，有了二浪就必然会有三浪上行。如图 85 就是如期在按技术规律运行，那么三浪完成之后又会怎么样？前面笔者已有提及多次，在此就略过。

如图 85 在三浪上行后，回调时先吞没第三浪，这是正常性的回调，好比股票洗盘一样，仍处在强势区域。如果回调时吞没前两浪的话，那么多头就失去优势了。

如图 85 中的圆圈处，是极为关键的一个区域，也是多空争夺的激烈阵地。就在此时，恰遇非农数据发布窗口，因此收大十字星线也符合常理。

越是关键的位置，越能考验出市场各方的态度。例如图 85 中的非农数据是“差于前值及预期”利好白银，这给多头增强了信心，同时也压制了空头的信心。

但是，由于非农当日收大十字星线，随后必然会进行技术修复，修复中的 1～5 根 K 线内便可看出真正的方向。如图 85 圆圈中右侧中阳线起涨信号将是多头胜出的信号。

图 86

图形解释：

1. 预测值：18.5 万
2. 前值：19.5 万
3. 实值：16.2 万

4. 数据对比：差于前值及预期（理应单边上涨）

5. 白银反应：白银上涨 0.88 美元，后下跌 1.14 美元。

6. 数据发布起价：19.41 美元

7. 先上涨最高价：20.29 美元

8. 后下跌最低价：19.15 美元

9. 1 分钟上涨高点：19.88 美元，上涨 0.47 美元，预期再上涨 0.45 美元，共 0.92 美元，起价 19.41＋0.92＝20.33。而实际是上涨至 20.29 美元，很接近预算的点位。

10. 预期分析：从预期走势中可以得出两大结论，第一个结论是前面已有一轮 1.27 美元的下跌幅度，说明空头已释放不少了；第二个结论是其低点已在前低点处有支撑迹象。如果非农数据是利空白银，再下跌的空间也会有限，就会引起多头的反攻。如果非农数据是利好白银，那么便可直接看涨，就不再会先下探了。

11. 买点信号：在非农数据发布是利好时，只要 1 分钟图有大阳拉起，便可追进多单。但是，往往 1 分钟 K 线拉得太高，随后不排除会有 1～3 分钟的 K 线进行回踩，回踩时只要不跌破前大阳的一半之下，仍是低多的机会。

12. 止盈信号：这种上涨条件，一方面可从笔者前面的计算方式去估测止盈位，但不能算得太死，允许左右浮动 0.1 美元进行止盈或减持；另一方面可按照 1 分钟图在大阳之后，出现逐根 K 线缩短时，甚至出现阴多阳少时和阴阳频繁交夹时果断止盈。

如果这一轮上涨幅度达到 1 美元左右，那么也可在上述止盈信号后进行少量空单参与，先做短差修整行情，止盈位是前涨幅的一半位置之上，或者见好就收，结束当天的交易。至于后市行情又如何变化？这要看接下来是如何修整的？修整中跌破前涨幅的一半之下则偏空，相反则偏多，也可在修整行情震荡的末端寻找下一个变盘信号。如图 86 中最右侧的两个黑点处是“头肩底”后最佳的多单买点位置。

本章综述

1. 先从大周期到中周期分析非农日所处阶段位置。

2. 再看市场对非农数据的预期值和前值的对比。

3. 后看 1 分钟和 5 分钟图在非农数据发布前的预期行情走势。

4. 接着预判出几种可能性以及延续的时长和点位估测。

5. 有了预判后便可制定出一个两手操作策略，并做好心理准备，情绪保持冷静平稳。

6. 接下来就是执行和遵守原则，例如小资金和新手在没有足够的把握时就尽量回避；有被套的投资者要设好止损位或者锁仓回避；浅套的如没有把握最好止损出来回避；一旦发现做错方向应立即止损出来等行情平静后再交易，或者立即反手交易。

7. 如有必要提前潜伏最好是轻仓先行或者分批买入。

8. 非农数据仅是短暂的神经刺激影响，从上述中可发现，多次非农日都处在变盘区域，待投资者这颗心理地雷（非农数据）排除之后，后期才是真正大趋向的波段行情机会。不要只图一时刺激，而丢弃后面的一大块肥肉。

9. 投资者可实时关注笔者的微博解盘 http：//t. qq. com/q396773457 或者进入《现货白银教育网》www. guyuwang. com 查看相关数据。

10. 也可以加笔者的 QQ396773457 获得进入 QQ 群的技术交流机会。

第十章　风险控制手法

导读：

风险几乎无处不在，无时不有，只有对风险认识越透彻，才会有相应的风险管理模式和风险控制手法。笔者在《现货白银投资指南》书里面讲到“风险管理”，在这里笔者再讲交易中需要注意的风险控制和手法。

第一节　认识风险

在控制风险之前，首先要对风险有全面的认识和理解，简单地说，要先知道有哪些风险，才会增强风险意识，最后才明白如何制定一套风险控制的手法和原则。

一、风险类型

现货白银投资当中，有很多种风险，但可分为三个大类：

第一类是市场本身存在的风险，例如系统风险、信用风险、宏观调控风险、政策风险、高杠杆交易风险和不设止损将面临爆仓风险等。

第二类是运营中的潜在风险，例如交易所平台的非系统风险（网络中继、数据出错、内部管理不当等等），比如 2013 年 8 月光大证券事件一样；会员经纪商（公司发布的分析和策略以及操作建议存有误导，带盘老师不够专业或不敬业等），交易所平台和会员经纪公司经营不正规，也会给投资者带来潜在的风险。

第三类是投资者自身因素的风险，例如心态不良好，技术不精通，交易不果断、情绪不稳定，原则不遵守，不注重细节，学习不够用心等等，也可简称为投资者的“行为风险”。

第一第二类笔者已在《现货白银投资指南》书中讲解到，以下笔者主要讲第三类，投资者自身存在的风险和注意事项。

二、心态风险

1. 盲目风险

细节决定成败，心态决定一切。例如分析不够全面、考虑不够周全、理解不够透彻、策略不够完善，然后就草率下定论、盲目去交易。没经过思前虑、盲目追势、重信他人言论等，这种行为是对自己的资金不负责任。一旦遇到风险，就措手不及，没有丝毫防备和应对措施。请一定要记住，资金是“士兵”，你是“将军”，战场上如何减轻伤亡？如何赢取胜战？全靠你这位“将军”的战术和谋略是否恰当。

2. 贪图风险

贪得无厌、贪心不足、贪图便宜、贪口欲者……总之一旦有了贪图心，最终都会是吃大亏的。实盘交易中例如：浅套不止损，深套要强撑；有利不分批止盈，非等转势后才清醒；下单出手重，不分风险大小和胜算有几分都重仓交易。这些风险范围是无法估量的，唯有避之才能解脱。

3. 浮躁风险

没有平常心看待涨跌和盈亏，或者太重视盈利只会增加心理压力，使心态不稳定，情绪波动，然后就导致频繁交易。例如，亏损一单就想立即赚回来，不懂得休息总结，不懂得观察机会，不懂得调节状态，总之性情浮躁是很难操作顺利的。

4. 犹豫风险

太重视风险，出现信号时仍在犹豫便会错过无数次机会，最后当行情明显时再去追势。例如笔者平时在 QQ 群里发现不少人，在行情暴发前不认真理解笔者的分析提示，当行情来临时才问可否下单交易，总是会后别人一拍。容易犹豫的投资者只有一种原因，那就是对自己的技术功底不够深，也没有常用的手法和技巧，导致没有信心，才会容易产生犹豫不决、交易买卖不果断等现象。

5. 急于风险

急于求成，欲速则不达。例如很多投资者在学习过程中不够用心，不够认真，平常只会听信他人提示，甚至将账户委托他人代操作，最终极可能是自食苦果。一夜暴富，以小搏大，但财不入急门，而重在稳健盈利，例如许多投资者在自己的技术还不够成熟时，就想挑战高杠杆交易，但往往结果是很残酷的。甚至还有人不经模拟就直投实盘、不经学习就直接大胆交易。所以，平常有投资者加笔者 QQ 咨询时，笔者会首先问：是否有证券投资的经历？意思是至少对 K 线有一定的认识，有一定的风险承受和风险控制的意识。再告诉投资者先要学习什么？再学习什么？后学习什么？并要注意什么？在实盘交易中笔者常建议新手做“君泰银”撮合交易模式，选择 10 倍以下的杠杆买卖，这样在温和性交易中慢慢成长，当技术等各方面成熟时再选择较大一点的杠杆或市商交易模式。

三、技术风险

1. 没识别技术要点

很多人对 K 线技术分析和操作中的技术只懂得一些表面，而根本没有掌握到各种 K 线图形的特征和信号点位以及其中的要点等，如此在技术分析和操作方面就一直潜藏着技术风险。举个简单的例子：就拿“头肩底”图形来讲，当价格跌破右肩的低点后，就说明整个“头肩底”的图形已破坏，应该做出止损策略；但对技术要点不精通的投资者，还会认为等跌破“头底”的低点时再止损，这就放大了亏损的幅度。至于更多的图形特征和操作要点大全可阅读《现货白银做精一张图》这本书，至少读三遍以上，并反复研究和理解以及实盘验证。

2. 没掌握技术技巧

在实盘交易当中，更多的交易技巧都取决于 K 线技术图形中的分析和判断，以及运用的技巧。认识 K 线容易，学精一张图形也容易，但将几张图形合并后综合分析以及灵活运用就有难度了。笔者常说：学习笔者的《做精一张图》这本书是让投资者学会如数学中对“个位数”的认识和写法（认图和画线），然后学习笔者的《做精实盘手法》这本书是让投资者学会如数学中的“加减乘除”应用法。

3. 没重视一技之长

学就要学精，学出成效，学出佳绩，才叫“学业有成”，并且还要精益求精，直达境界，终成绝技，如此才能称得上是一位“成功的投资者”。平时爱好学习、善于学习总结，只能称为是“合格的投资者”。当有了一技之长，才会有稳操胜券的战绩，才能在这一技之上去预知未来，并把握当前，做成功投资者。

4. 没严格按照执行

再好的行情，再高的技术，如果不能严格要求自己、不能严格去执行，一切都是枉费。没有交易原则、没有买卖策略、没有操作手法等，在实盘交易中就根本不知道要执行什么？要注意什么？要遵守什么？请记住：“知行合一”是一种心理和行为上的境界。

第二节　防范风险

在认识风险之后，接着要懂得如何去提前防范风险。老手投资者都知道，十次交易当中有九次成功，而就因一次失败都有可能输掉前面九次的收益，俗称“一夜回到解放前”，可见时刻防范风险的重要性。

一、心理防范

时刻保持头脑清醒，精力充沛，专注盘面，并随时做好两手准备和应对风险的措施。如此才能进出自如，得心应手。最重要的是“保本求生存放在心里第一位”。

二、机制防范

有的风险是突发性的难以防范，但大多数风险是可以防范的，更可以控制和回避的。例如，横盘趋势不做单，变盘区域不做单，方向不明看不懂不做单等，给自己定下交易原则，用机制来克服和控制自己的不良行为。

三、技术防范

只要是技术派投资者，就应严格按照技术的条件和信号去交易，如此可以回避许多可控制的风险。例如，当信号出现要“快”，并且第一信号和第二、三信号要适当把握；当趋势扭转时要“准”，不要轻易或重仓做逆向短差单，不要看到阻力就认为会反转趋势，其实当行情趋势暴发后，什么阻力都会突破的，什么支撑也会跌破的，只能沿着趋向线之上或之下顺势而为；当接近目标或图形破坏要“狠”，在平常预判中的图形条件和点位，一旦图形被破坏，就不必抱有幻想，应立即果断止损出来寻找下一个机会，在止盈时不到点位坚决不平仓，而是要对预判的点允许左右 0.1 美元以上的误差。

四、仓位防范

仓位管理和分配，好比作为“将军”的你在战场上“调兵遣将”一样道理。例如：冲锋队打前阵，作战兵观势而行，后备兵作后盾。在实盘交易中例如：设定起步开仓位，设定最大量仓位，或者按成功率设定灵活仓位等方法。

五、底线防范

人都有各自的心理承受范围和底线，例如当两次交易都失手时应暂停交易，立即进行调整状态和总结；当投入资金亏损一半时应停止交易和停止再投资交易，说明你在交易当中存在较大的问题，问题不解决就不能再战，而需要停战调整，否则会更惨；当亏损幅度到达心理极限位应立即止损，不要抱有侥幸心理和一切幻想。

第三节　降低风险

认识各种风险是了解风险的重要性，防范风险是阻止风险发生和回避风险，在此之后还要同时懂得如何主动去降低风险。

一、减少交易

降低风险第一步是减少交易次数，千万不要频繁交易，因为交易次数越多就越不理性，也就越盲目。不要听信他人实时不停地叫单，而是要结合自己的观点，当别人的想法与自己的观点相谋合时再适当交易。一般而言，短线一日最多三单，波段一周最多两单，中线一月最多两三单，总之多看少动才能使你更加“理性”。

二、适量仓位

降低风险第二步是控制好仓位，控制仓位就等于在控制风险。如前面所述，给自己设立一下起步仓为几成？在追势时的追单仓为几成？当出现第二个买点信号时又买进几成？在第一个卖出信号止盈时至少先卖出几成仓？分批怎么分？其次随时要保留几成后备仓？总之，仓位控制要适当又要“灵活”。

三、避开窗口

低风险低收益、高风险高收益是成正比的，要想追求低风险低收益，追求平稳交易，那就绕开消息窗口、时间窗口、变盘区域。经不起行情的大起伏波动，就避之。即使想要尝试或把握机会，在这三个区域做交易也一定要保持“谨慎”。

四、知险而退

明知山中有虎，偏向虎山行，而结果会怎么样？明知接下来的行情不明确，看不懂的盲区就应知险而退，即使有持单也应减持或直接回避。例如行情频繁震荡、走势复杂、方向不明、消息变数大等情况下应不进则“退”。

五、严格定损

挂单时就立即设好损位，或者成交后立即设好损位，养成良好习惯，俗话说“小心驶得万年船”。在每次交易开仓后就要设置固定的损位，当盈利时可以适当移动损位，行情反向时也可提前手动止损，不一定非要等到设置的止损位时才自动止损，总之对止损方面一定要“果断”。

第四节　排除风险

当懂得降低风险后，还要学会如何主动直接排除风险，甚至将风险化为零。做风险投资，能把风险降至最低，或化为零风险，才能算是真正成功的投资。千万不要只看利润而忽略了直接风险和潜在风险，风险时刻都在我们身边，随时都有可能发生。

一、安全区域

排除风险的第一步是寻找安全区域去交易，尽量将风险化为零。例如：在盘面较平稳的时间、没有消息和变盘区域的影响，赚短差快进快出；在出现拐点信号时、在上涨中继和下跌中继时，都是比较安全的顺势而为交易手法。

二、大小顺序

是指在卖出止盈时由大到小，先卖出一半或多半仓位锁住现有盈利，然后在第二、第三个卖出信号时再卖出余下的少部分仓位；开仓买进由小到大，因为第一个买点信号往往会潜伏其中，信号不太明确时应少量参与，当第二个买点信号出现，信号进一步明确时再加量增仓。简称为“金字塔”买卖法则。

三、等待信号

日常中，有的图形看不懂，有的图形比较变异不标准，有的图形自己不太熟练，当有的图形自己比较精练、出现比较有把握的信号和点位时一定不要错过，但这种精准的图形和点位是要用耐心等待出来的。请记住：宁可错过也不做错，做精一招制胜。

四、顺势而为

顺势而为一般都是“去掉头尾做中段”，所以对于上涨或下跌中的“中继平台”千万别错过，特别是行情突发后，要记得看 1 分钟和 5 分钟图形中是否有“中继平台”构成？偶尔也会在中大周期图中构成“中继平台”，那就更要珍惜这种波段行情机会。

五、见好就收

把投资当作娱乐，无论赚多赚少，能保持平常心态才能做到落袋为安，积少成多为大胜。一般情况下，笔者建议在自己能掌控的范围内交易，风险也控制在自己能承受的范围之内。

六、反败为胜

是指资金较大和轻仓参与的投资者，以大趋势不变为前提、健全的策略为主导，可以不计短时的波幅，即使被套稍等一些时间或许还会有解套的机会。例如，在 2013 年上半年很多人被套在 26 美元左右，以为到了前低点处会反转向上，4 月 12 日和 15

日两个交易日就下跌了 5 美元，一些没设损位和犹豫的投资者便深套其中，事已至此，笔者就建议在 20 美元之下大量增仓，当价格再回到 23 美元时几乎可完全解套了。但是，这种“反败为胜”仅是一个案例不建议广泛模仿，毕竟伤不起也消耗不起。

本章综述

其实，在学习过程中，有一半的技术和技巧都是学习如何避免风险、风险管理、防范风险、控制风险等。只有把风险控制做好了，才能体现出交易技巧的成功率。

第十一章　完善交易体系

导读：

没有方就不成圆，没有规章制度就不成系统。比如一家企业能否成功，要看是否有一套完整经营和管理的系统模式，系统越完善才越容易复制，发展也才越猛速。在证券投资当中，每一位成功的投资者都有一套完整的操作体系，简单地说“需要完善一套属于自己的交易模式”。

第一节　如何定位

自我定位越明确，在学习和交易时才会有明确的方向，如果自己都不认识自己、自己都不知道自己的问题所在、自己都不知道自己最欠缺什么，那将是寸步难行。

一、风格定位

首先要根据自己的性格、心态、思维、看盘时间、投资类型等因素综合评估后，才能定位出一种适合自己操作的风格。例如，笔者前面讲到的短线交易、波段交易、中线交易，看看哪一种最适合于自己。当大方向选对了之后，就沿着该风格的所需技术和技巧去学习、去深造。

二、时间定位

时间定位可分为三种：第一种是方便看盘的时间，每天能抽出哪几个小时的时间看盘，在这个时间段又适合哪种交易手法。第二种是可否交易的时间段，例如凌晨 0 点后不交易、早盘 12 点前不交易（一般盘面比较冷清），或者只选择下午欧股开盘时间段、晚上消息窗口或美股开盘时间段才交易，将这几个具体时间分列清楚，每个时间段交易需要注意哪些和观察哪些等等梳理出来。第三种是持单时间段，最长能持多久？要不要持隔夜单？通过上述时间定位可完善自己的操作风格和交易手法。

三、目标定位

目标定位可分为两种：一种是可交易的图形条件、可交易的技术信号、可交易的变盘窗口等，凡是不符合自己理想中的条件便可不交易。另一种是对可交易的盈利空间和风险程度比例，最好的建议是选择风险小于机会时再做交易，平时不要因为一点小利空间也做单交易，承担着同样的市场风险不太值得。

四、手法定位

手法定位主要用在交易时的买卖上面，同时结合在操作策略的基础之上。例如不同图形、不同点位、不同信号等用不同的交易手法，培养出几种惯用的交易手法，久而久之越做越熟练，操作起来就越轻松。

五、原则定位

在前面第四章中已讲到各种铁律性的原则，当然投资者要根据各自所需，梳理一套属于自己的各项原则。从分析到策略再到交易三个阶段中，分别定出不同的、又适合自己的原则。总之，原则定位越明确、越细致，在整个交易中才不会容易出错；如果没有原则、如果原则不明确，那么在整个交易过程中就会乱套。

第二节　如何总结

大部分人都具有学习心态，都善于去学习，但因各自的学习时间和学习的方式以及吸收能力不同或领悟能力的差距，导致综合能力提升有快慢之别。

一、虚心学习

活到老就要学到老，学无止境，更何况是让你学习能为自己生财的知识，所以必须要认真并用心地去学习。因为只有经过不断学习、不断充实自己、不断精心研究中才能总结得更多的真理。

二、总结方法

总结的方法很简单，可分为每单总结、每日总结、每周总结、每月总结。总之，不断学习，不断总结，总结得越多，经验累积才会越多，犯的错误才会越少。

三、勤做笔记

好记忆不如烂笔头，学习和总结过程中要多收集各种案例图形、多梳理各种要点、然后在整理笔记中去吸取精华部分，同时还可增强印象。

第三节　如何修正

一、知错即改

可以发现，在平常喜欢提问的人，才是学习最认真、最用心的人。读者们一定要多主动提问，不要等犯错之后才发现问题，当发现问题时还要立即解决问题，不然就会重复犯错。因为自己的问题只有自己才知道，如果自己解决不了，自己又不提出来请求别人，那么问题就一直存在。

二、对症开方

如果只懂得学习和总结，但不懂得修正，也等于白学。在经过总结后便可找出具体原因，然后对症开方便可达到立竿见影的效果。

三、寻求帮助

当受到困惑时、遇到困难时，如果自己处理或应对不了，应该立即寻求他人帮助，但不能病急乱投医。每一位成功的投资者都会经历多次起伏，受过多次创伤，因为风雨过后方能见到彩虹。如果你有一颗执著的学习心态，笔者再忙也会抽出时间解答读者的问题，为你排忧解难。

四、积极面对

无论盈亏、无论再大的困难，都要积极面对，乐观看待，凡事都有好的一面。不要因小干扰影响大情绪，更不要跟行情赌气，而胡乱交易，导致不理性的行为。

第四节　如何完善

完善操作体系是体系中的最后一步，通过前面的各种归纳总结和梳理成纲之后，还需要不断地去完善和补充以及修复。

一、取长补短

从自我发现中去发挥自己的优点，再去吸取或者模仿他人的优点来填补自己的缺点。总之，在体系完善中要先从自身出发。

二、量体裁衣

在证券市场中有一种定律是：有多少技术和技巧，就能赚取到多少盈利。市场中的技术和技巧有许多种，最关键是要找到适合自己的那一种。笔者相信，只要自己不断摸索，不断研究，不断学习总结后，自然会发现自己的所需。

三、突出重点

学习过程中有主次之别，交易过程中也有风险大小之分。所以，在学习和交易中一定要突出重点，精心研究和分析，并不偏离主题和本质。

四、养成习惯

具有良好的交易习惯，才会有习惯成自然，按部就班才能让交易更轻松、更随心所欲，进出自如。将所学所用都练成一种交易习惯后，那么你的整个交易体系也就大功告成了，往后就重复的执行和坚持下去啊。

第五节 如何立足

创业容易守业难，贵在坚持到底。选择现货白银投资之后，就要有远见眼光，来日方长。不学会立足，何求发展？

一、两种“心态”

1. 平常心态：性情是否浮躁，情绪是否稳定，心态是否乐观，决定你能否在现货白银市场投资。

2. 积极心态：心态不积极，就会失去上进心态、求学心态，还会一直沦陷在原地踏步，总之心态决定成败。

二、两个“关口”

1. 过度关口“稳”字当先：现货白银是多空双边交易的市场，市场不缺行情和交易机会，几乎每天都有交易机会。不急于一时，在入门后先慢慢酝酿技术，慢慢进修技巧，慢慢总结心得，慢慢稳步成长。

2. 过渡期后适当把关：当累积一定的交易经验之后，一定要再接再厉，在原状中逐步提升，更不要得意忘形，因为财富是随着技术和经验累积的，细水长流、积少成多、步步为营，并重守本金才是关键。

三、四个“不”字

1. 不贪：有贪欲心的人终究无法立足于市场的，一定要做到见好就收、遇险而退。

2. 不赌：无论是投资还是投机，都不能具有赌性，因为市场永远都是对的。

3. 不猜：当行情产生变化时，没有按预期运行，此时不要去猜测，不要去幻想，而需采取相应的对策。

4. 不瞎折腾：任何一个交易计划、任何一笔交易，都要有可靠的依据性、逻辑性、实用性，而不是凭感觉去瞎折腾，总之不打没把握的仗。

四、四个“多”字

多学、多记、多画、多总结归纳是在生存过程中留下的足迹，足迹多不多？足迹稳不稳？能走多远？修行就全靠个人了。

本章综述

先学会做人（认识自我、从自身多找问题、并调整好心态）；

再学会1+1（认识各种图形要点和原理）；

后学会应用（各种图形组合和所处环境阶段的综合应用）；

持之以恒（8小时以内，我们求生存；8小时以外，我们求发展，赢在别人休息时间）。

附录一：股票/现货/期货/外汇/价格报警短信通

“股票/现货/期货/外汇/价格报警短信通”软件是笔者李志尚研发的一款辅助工具，对不便看盘的投资者提供手机短信通知价格报警服务。

主要功能：

当“股票/现货/期货/外汇”的价格到达你之前设置的报警价位时，软件就会立即以短信方式发送至你的手机上。若为了确保健全性，可设置两个价位，即上方价格和下方价格，分别设1～3个预警价位。该软件的行情数据在后台运行，不需一直打开软件和电脑，设置报警价格之后便可关闭软件和电脑，当收到短信报警通知时再打开电脑按预期的计划操作。

功能用途：

1. 变盘信号报警：如果行情一直处在横盘或修整区域中，此时行情没有明确的方向性，但又没有时间一直看盘等待方向突破，即使有时间看盘也不可能坐等数小时以上。如果仅用行情软件自带预警设置，一旦你离开电脑太远时根本无法听到报警音。此情况下，建议使用这款“价格报警短信通”软件，当到达设置的价位时会自动发送短信至你手机。

2. 止盈价位报警：无论是买进股票、现货、期货、外汇之后，若因某种情况需要离开电脑，但又怕坐过山车而错失止盈机会；特别是中长线股民投资者，在买进股票后，又需要忙碌工作等。此情况下，可设1～3个预期止盈目标价位，当价格到达并收到报警短信通知时，再打开电脑看看是否需要止盈卖出。

3. 止损价位报警：相对现货、期货、外汇来说，而股票方面用得比较多，因为股票交易软件无法预期设置止损，为了防止行情跳水，或者跌破某支撑位的风险。此情况下，可设1～2个风险警示价位比较保险，通过“价格报警短信通”可以回避被深套的风险。

4. 买点价位报警：如果经过预期分析后，需要达到某个价位时才是最佳买点信号，那么在这期间内不可能一直守着盘面等待。此情况下，可通过“价格报警短信通”来跟踪自选股或买点目标价位。另外，对于股民投资者而言，可将多只自选股的起涨信号、突破信号设为短信预警通知。

5. 可减少上网流量：例如许多投资者用无线上网卡和手机联网看盘，如果一直在线看着行情的变化，一方面时间不允许，二方面还需消耗不少上网流量。此情况下，可通过“价格报警短信通”当收到短信提示时，再打开行情软件和交易软件，没到达预设价格之前就不需一直消耗上网流量了。

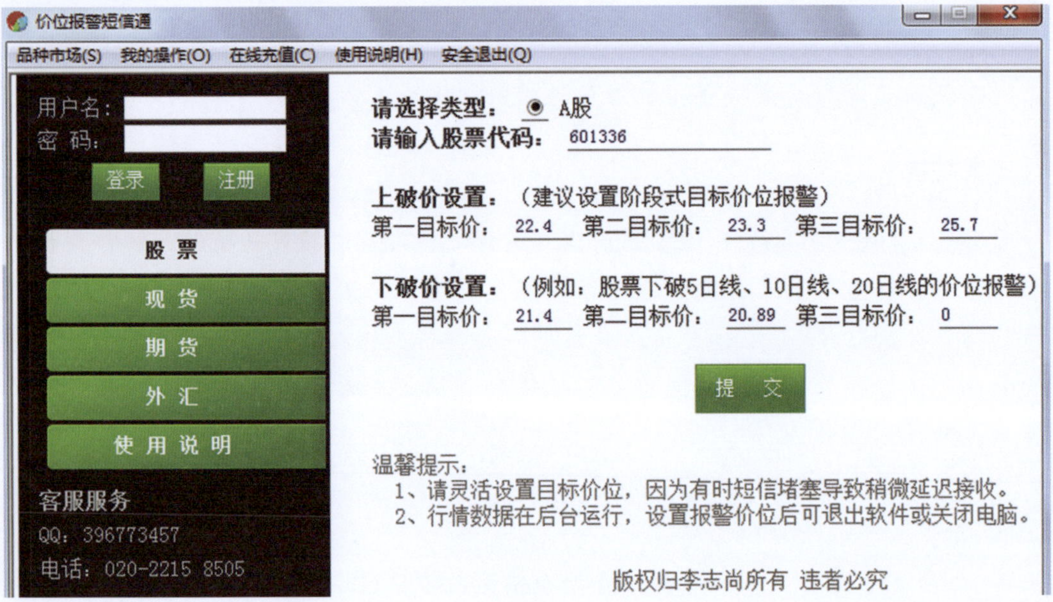

图 87

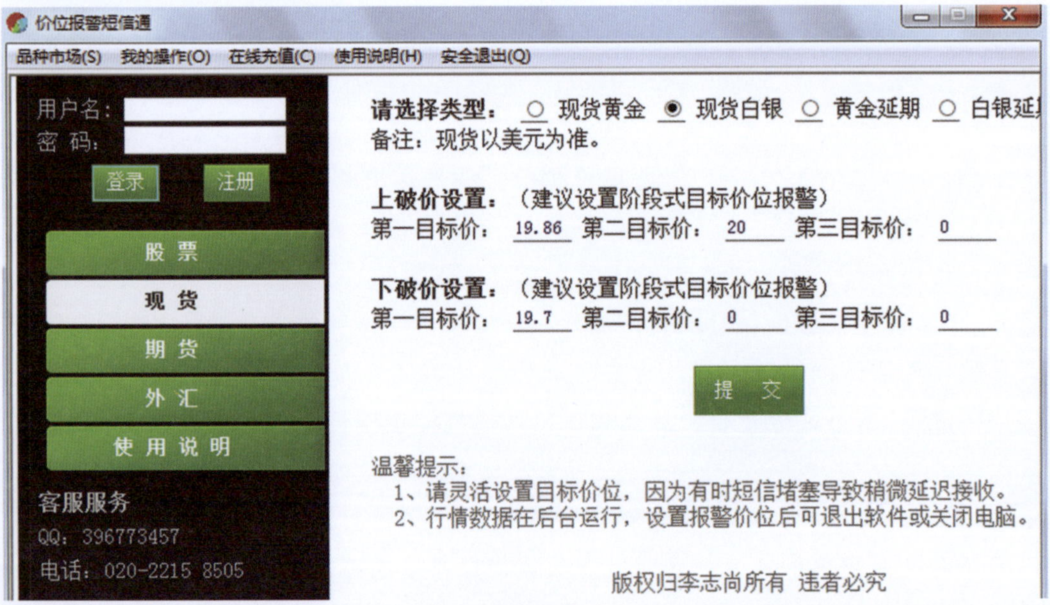

图 88

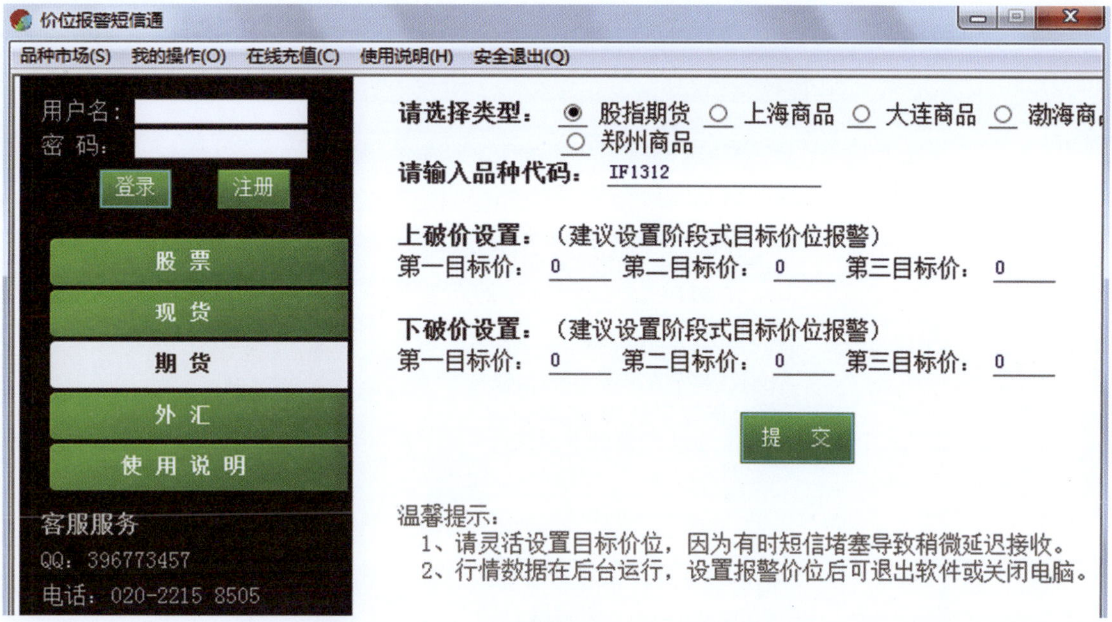
价位报警短信通
品种市场(S) 我的操作(O) 在线充值(C) 使用说明(H) 安全退出(Q)
用户名：
密 码：
登录 注册
股 票
现 货
期 货
外 汇
使 用 说 明
客服服务
QQ：396773457
电话：020-2215 8505
请选择类型： 股指期货 上海商品 大连商品 渤海商品 郑州商品
请输入品种代码： IF1312
上破价设置：（建议设置阶段式目标价位报警）
第一目标价：0 第二目标价：0 第三目标价：0
下破价设置：（建议设置阶段式目标价位报警）
第一目标价：0 第二目标价：0 第三目标价：0
提 交
温馨提示：
1、请灵活设置目标价位，因为有时短信堵塞导致稍微延迟接收。
2、行情数据在后台运行，设置报警价位后可退出软件或关闭电脑。

图 89

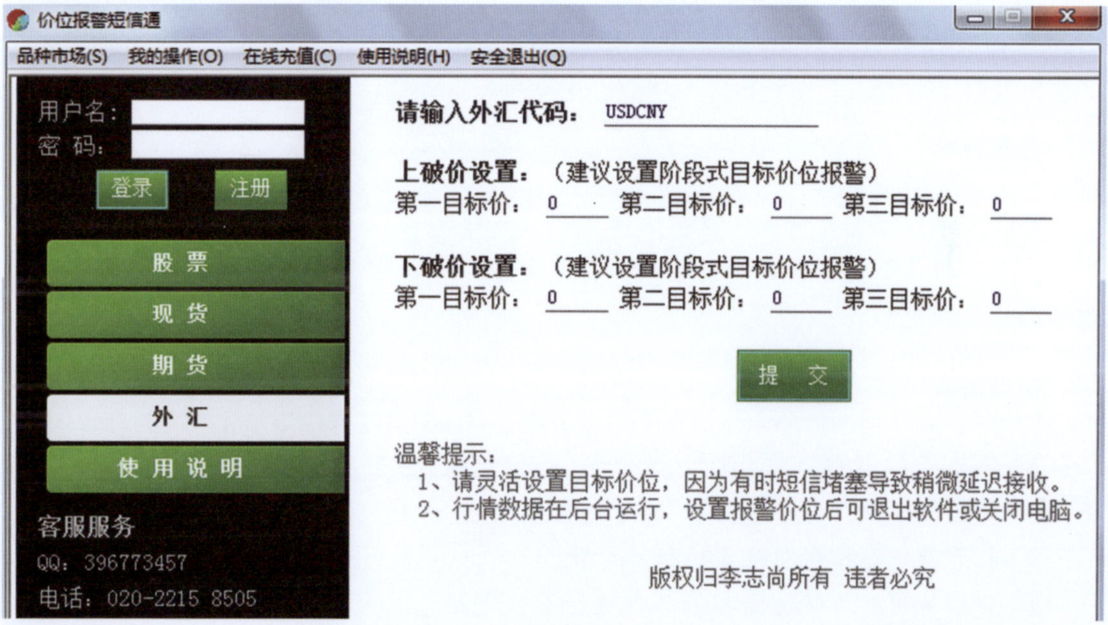
价位报警短信通
品种市场(S) 我的操作(O) 在线充值(C) 使用说明(H) 安全退出(Q)
用户名：
密 码：
登录 注册
股 票
现 货
期 货
外 汇
使 用 说 明
客服服务
QQ：396773457
电话：020-2215 8505
请输入外汇代码： USDCNY
上破价设置：（建议设置阶段式目标价位报警）
第一目标价：0 第二目标价：0 第三目标价：0
下破价设置：（建议设置阶段式目标价位报警）
第一目标价：0 第二目标价：0 第三目标价：0
提 交
温馨提示：
1、请灵活设置目标价位，因为有时短信堵塞导致稍微延迟接收。
2、行情数据在后台运行，设置报警价位后可退出软件或关闭电脑。
版权归李志尚所有 违者必究

图 90

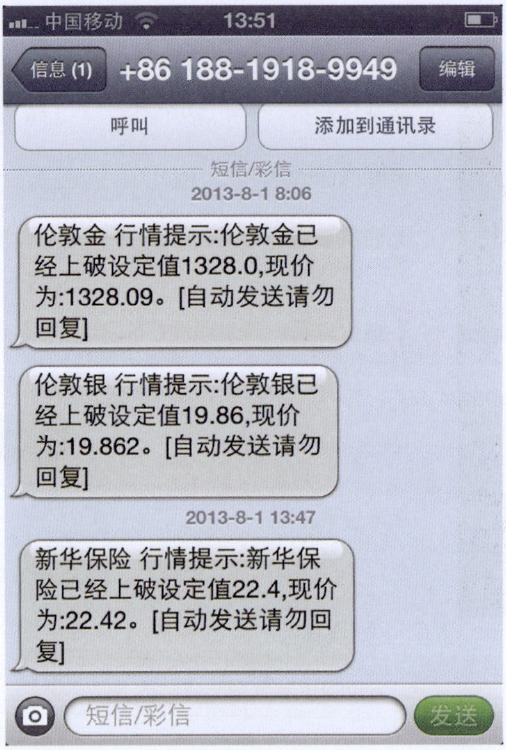

图 91

温馨提示：

可将关键的价格点位通过该软件设置预警，当到达设置的价位时，软件会立即发送短信通知到你手机上。数据在后台服务器运行，价位设置后可关闭软件或关闭电脑都不影响短信通知。

使用流程：

1. 先从志尚财商学院 http：//www.zswm666.com/ 下载“股票/现货/期货/外汇/价格报警短信通”软件；
2. 打开软件后按说明提示进行注册使用；
3. 然后使用软件时选择相关品种进行价位设置；
4. 设置预期的价格报警后，便可关闭软件或关闭电脑，忙自己应该忙的事；
5. 当预期设的价位到达并收到手机短信通知时，再打开行情软件或交易软件并按原计划操作。

附录二：无锡君泰商品合约交易中心

无锡君泰商品合约交易中心http：//www.wxjtce.com/（以下简称“交易中心”）成立于2011年7月。在工商行政管理局登记注册，实行自律性管理的公司制法人。位于富庶的长三角中心——江苏省无锡市，是一家大型专业的贵金属交易中心。

交易中心凭借专业的行业背景和科学的管理方法，愿于各方有志之士共同努力营造适合中国国情的贵金属订单交易体系。对广大投资者真正做到“公开、公平、公正”。愿为中国贵金属行业的成熟和发展，做出楷模标兵。

交易中心实行会员制组织形式，会员由在中华人民共和国境内注册登记，从事贵金属业务的金融机构、从事白银等贵金属及其制品的生产、冶炼、加工、批发的企业法人，并具有良好资信的单位组成。

交易中心依托贵金属现货专一经营的理念，配置专业的管理运营团队，采用科学交易模式服务于中国地区广大客户，提供适合中国特色的贵金属现货交易专业化的服务，采取最新模式完全一对一挂牌成交，交易时间及交易价格与国际市场接轨。

交易中心根据《中华人民共和国公司法》、《中华人民共和国合同法》《中华人民共和国电子签名法》等国家法律、法规，参照中华人民共和国《大宗商品电子交易规范》。以银行对资金实行第三方监管，利用电子商务平台，通过互联网直接在线报价、配对，以网上销售、电子购物的方式实现交易。遵循“合法经营，真诚守信”的原则组织白银等贵金属现货及电子交易。

企业宗旨：

“发展企业、贡献国家、回报股东、服务社会、造福员工”

——尊重并维护利益相关者的权利。

企业愿景：

“推进金融改革创新，建立有中国特色的贵金属场外交易市场”

——我们以建设世界一流企业为目标。

企业精神：

“以人为本”

——管理过程中以人为出发点和中心，围绕着激发和调动人的主动性、积极性、创造性展开的，以实现人与企业共同发展的一系列管理活动。

企业作风：

“精细严谨、务实创新 ”
——保持精确高效、富有创造性的科学态度。

经营理念：

“诚信规范、合作共赢”
——与有共识的各方协力共进。

附录三：志尚财富集团简介

（一）LOGO释义：

内方外圆，孟子曰“规矩，方圆之至也。”中华五千年的生存智慧浓缩于方圆之中，似太极般刚柔相济，变幻无常。“方”是做人的脊梁，“圆”是处事的锦囊，有圆无方则不立，有方无圆则碰壁，只有方圆结合，才能交出一份合格的人生答卷，所谓做事先做人。

方形代表团队基地，掌握核心技术和管理力量，三根K线符合行业代表（有一生三、三生万物，步步高升、突破外围、财富无限的寓意），由此而产生钻石般的志尚财富象征。

外圆环环相扣，拥抱内圆，意味着全国广大读者们同心协力拥护着团队内圆核心。

整体形状似徽章、金牌、金币，体现了高大上的财富和荣耀特征，也体现了团队力量和权威特征，志尚财富简称“ZSWM”。

（二）志尚财富创始人：李志尚。

志尚财富是由一群精英人员组成的专业团队，团队队员遍布全国各地，分部授权代理服务点遍布各大城市。团队拥有专业的技术、优质的产品、个性化的服务、人性化的管理，志尚财富品牌已赢得众人的口碑相传。

志尚财富团队旨在为读者搭建一个学习与交流的平台、为企业提供一个资源整合的渠道、为理想者创造就业的捷径、为创业者实现梦想的舞台、为产业创新出有价值且优质的投资品种、为社会和行业维护公平和正义。

志尚财富团队一直坚持以人为本，诚信天下，海纳百川，乐于助人，为投资者、为企业提供贴心的服务，且着力于专业的人做专业的事。

志尚财富团队秉承着规范经营，以诚待人，客户至上，精诚合作，创造财富的宗旨。没有最好，只有更好，志尚财富团队一直在不断地努力！

志尚财富团队绝不会辜负众人所望，一切以实力胜于说服力、以业绩胜于影响力。相信时间可以见证一切！

（三）志尚财富集团旗下的公司包括：

深圳市志尚资产管理有限公司（主要从事君泰商品交易、分部发展和管理等）；

深圳市志尚财富基金管理有限公司（主要从事私募基金产品发行等理财项目）；

深圳市志尚文化产业投资有限公司（主要从事财商教育培训、影视投资、生态旅游等）；

美国纽约志尚财富证券有限公司（主要从事企业上市辅导、重组并购、股权投资等）；

（四）总部地址：

深圳市福田区车公庙天祥大厦 AB 座 13 楼。

（五）互动方式：

财富热线：4006917866

企业 QQ：4006917866

志尚财富官网：http：//www.zswm168.com（查询理财产品或分部地址）

志尚财商学院：http：//www.zswm666.com（现场网络直播教育培训）

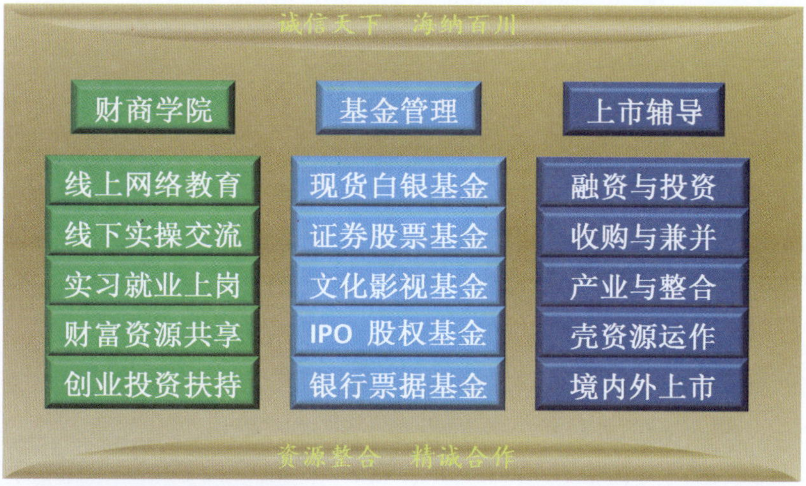

编号：JR201512220087

中国金融管理协会

China Financial Management Association

深圳市志尚资产管理有限公司

会员单位

（2015-2016）

中国金融管理协会

二〇一五年十二月二十三日

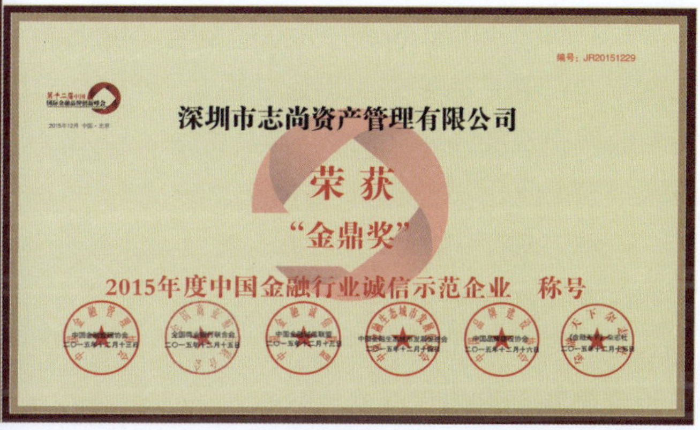
编号：JR20151229

深圳市志尚资产管理有限公司

荣获

“金鼎奖”

2015年度中国金融行业诚信示范企业　称号

后　记

在证券市场中，能有多少技术就能赚多少钱。聪明人拿时间学习技术赚钱，糊涂人拿时间找借口亏钱。技术是研究出来的，经验是总结出来的，能力是领悟中提升出来的，进步是犯错后纠正出来的。切记：唯有专注才专业，做精一招胜千招。

K 线技术分析是一个经验积累的过程，并不是一看就懂，一学就会，而是不断去寻找规律、发现规律、运用规律的过程。一定要多学习、多总结、多收集图形案例和相关信息资料、多去寻找规律、多领悟心得。技术图形是变化的，一定要活学活用，并且只做自己能掌控范围内的行情。此外，也可在笔者的技术交流群中多分享、多交流、共同提升。

本书执笔写作的时间仓促，草成之书难免会有错漏的地方，还望以书结缘的读者朋友能不吝啬赐教指正，志尚将不胜感激。

本书的出版，志尚要感谢“广东经济出版社”编辑主任罗振文老师的协助；再者，还要感谢“无锡君泰商品合约交易中心”所提供的技术和平台支持。

信息时代拉近了笔者与大家的距离，以书会友、相遇相识乃是一种缘分，若读者在阅读过程中需要解答，请读者按以下方式与志尚进行互动。在此，志尚祝福广大读者在投资中财源滚滚，收益丰厚！

互动方式：
技术交流 QQ：396773457
分部代理 QQ：2208361743
企业服务 QQ：4006917866
咨询电话：4006－917866
志尚财富官网：http：//www.zswm168.com/（查询理财产品或分部地址）
志尚财商学院：http：//www.zswm666.com/（现场网络直播教育培训）
现场实盘学习地址：深圳市福田区车公庙天祥大厦 AB 座 13 楼

李志尚
2013 年秋